Herder Taschenbuch

Sonderband

Er hört dir zu an jedem Tag

Wege zum Gespräch mit Gott

Herder Taschenbuch Verlag

Buchumschlag: Werner Bleyer
Scherenschnitte von Ruth Braselmann

Herder Freiburg · Basel · Wien
Herstellung: Freiburger Graphische Betriebe 1990
ISBN 3-451-21809-7

Inhalt

Vorwort

Wenn man mit seinem Partner nicht mehr redet, so ist die Partnerschaft häufig schnell am Ende. Es kündigen sich z. B. Ehekrisen häufig so an: Man hat einander einfach nicht mehr viel zu sagen. Auch die Entfremdung von den Kindern beginnt damit, daß sich das Gespräch auf den Austausch von Belanglosigkeiten reduziert. Man lebt zwar noch unter einem Dach, aber die Gemeinschaft, das Miteinander-Leben, zerbröckelt.

Ist es mit der Partnerschaft zu Gott nicht ebenfalls so? Wenn die Beziehung zu ihm gestört ist, entschwindet er aus unserem Leben und unserem Denken. Unser Kontakt zu ihm wird allenfalls noch zu einer unfrohen Pflichtgemeinschaft. Es gibt keinen lebendigen Glauben ohne ein lebendiges Gebetsleben. Das ist einsichtig. Aber mit dieser Einsicht sind die Hindernisse noch nicht behoben, die viele Christen heute mit dem Beten haben. Warum fällt es uns so schwer, die altvertrauten Gebetsworte mit eigener Erfahrung zu erfüllen und so mit Gott zu sprechen, wie man mit einem Freund sprechen kann? Gibt es Wege aus dieser oft schmerzlich empfundenen Sprachlosigkeit?

Meditationskurse sind heute sehr gefragt und werden eifrig besucht. Sie können helfen, aus dem lähmenden Geschäft des Alltags sich zurückzutasten in eine Stille, in der die Stimme des Herzens wieder vernehmbar ist. Andere suchen auf Besinnungstagen oder in Exerzitien wieder Kontakt zu Gott.

Doch die meisten Menschen, die sich nach neuen Ausdrucksformen ihres Glaubenslebens sehnen, sehen sich aus vielerlei Gründen außerstande, an solchen Veranstaltungen teilzunehmen. Ihnen werden mit dem religiösen Buch viele Anregungen geboten, von denen sie nach eigener Zeiteinteilung Gebrauch machen können.

Noch einen anderen Vorteil bietet die Lektüre religiöser Bücher: Man ist nicht auf einen Kursleiter festgelegt, sondern kann sich unter vielen Autoren denjenigen aussuchen, von dem man sich am besten verstanden fühlt. Wie aber findet man ihn heraus?

Der vorliegende Sonderband des Herder-Taschenbuch-Verlags möchte dazu verhelfen. Er enthält auf S. 109ff. einen Schlüssel zu denjenigen Herder-Taschenbüchern, die das innere Leben bereichern. Es sind inzwischen über 100 Titel, von bekannten, erfahrenen, geistlichen Schriftstellern beider Konfessionen eigens für Taschenbuch-Leser verfaßt, d.h. für Christen, die nicht in klösterlicher Beschaulichkeit, sondern mitten in den Anforderungen der Welt nach dem „Vollalter Christi" streben. Das verlangt andere Zugänge zum Gebet, stellt andere Anforderungen an den Seelenführer, der vor allem auch die Not des Beters heute kennen und verstehen muß.

Einige der bekanntesten Autoren lernen Sie im folgenden mit eigenen Texten kennen: die Ordensfrau Kyrilla Spiecker, den vom Fernsehen bekannten Pfarrer Adolf Sommerauer, den verstorbenen Meditationsmeister Clemens Tilmann oder den Religionswissenschaftler Peter Hünermann. Zusammen gelesen bilden ihre Beiträge eine kleine Schule des Betens, immer wieder unterbrochen von Gebeten der Bibel, klassischen und modernen Gebetstexten, die man nachsprechen und sich zu eigen machen kann, sowie von Scherenschnitten der Künstlerin Ruth Braselmann, die zu einem Augenblick des Verweilens einladen. In den Quellenangaben (S. 107f.) ist zu erfahren, welchem Herder-Taschenbuch die Texte entnommen wurden und wo man sie ausführlich und im Zusammenhang lesen kann.

So ist dieser Sonderband nicht nur ein nützlicher Wegweiser durch das reichhaltige religiöse Schrifttum im Herder-Taschenbuch. Er kann auch selbst, immer wieder zu Rat gezogen, die beglückende Einsicht vermitteln: Gott hört uns zu an jedem Tag.

Die Herder-Taschenbuch-Redaktion

Im Oktober 1989

Mein Herr und Gott, ich bitte dich,
den ich verehre inniglich,
schenk meinem Beten rechte Weise,
daß all mein Wollen dich umkreise,
daß all mein Sein ein Wachsen wär',
verliebt dich liebend mehr und mehr!

Ramon Llull, Nr. 1198

Not und Segen des Gebetes

„Herr, lehre uns beten!" (Lk 11,1). Diese Bitte der Jünger, an Jesus gerichtet, zeigt, daß es Menschen zu allen Zeiten schwer fiel zu beten. Paulus, ein tiefreligiöser Mensch, stellt in seinem Brief an die Römer lakonisch fest: „Wir wissen ja nicht, um was wir beten sollen, wie es sich gehört" (Röm 8,26). Schwierigkeiten mit dem Beten gab es zu allen Zeiten. Dies ist nicht weiter verwunderlich. Handelt es sich doch beim Beten um die tiefste, die menschlichste Bewegung des Menschen. In sie geht er ganz ein, und infolgedessen bekommt er es auch mit allen Schwierigkeiten, allen Verzerrungen und Entfremdungen, aller Schuldenlast zu tun, die sein Leben prägen. Gebet ist von daher in den meisten Situationen nicht einfach und leicht. Es gibt Stunden der Trostlosigkeit, in denen das Gebet leer und taub zu sein scheint. Es gibt Stunden, in denen man merkt, daß man im Grunde vor dem Gebet flieht, weil man die Offenheit und Wahrheit, die sich im Gebet einstellen, verdrängen möchte. Und daneben gibt es die Stunden, in denen das Gebet gleichsam leicht und frei aus dem Herzen aufsteigt. Nur langsam und in immer erneuten Anläufen wird der Mensch zum wahrhaft Betenden. Und auch da bleiben ihm Anfechtungen und Irrwege nicht erspart. Das bezeugen die großen Lehrer der Gebetstradition.

Die gegenwärtige Zeit aber ist nicht nur gekennzeichnet durch diese immer wiederkehrenden Schwierigkeiten mit dem Beten. Beten ist für viele Zeitgenossen der technischen Gesellschaft und der industriellen Zivilisation nicht mehr selbstverständlich ...

Vermag der heutige Mensch nicht mehr zu beten? Viele der überlieferten christlichen Gebetsformen werden nicht mehr geübt. Das Interesse zahlreicher Christen scheint sich ganz auf Fragen eines christlich inspirierten Handelns in der Welt zu konzentrieren. Verbunden mit einem gewissen Bedürfnis nach dem Beten, zeigt sich bei anderen eine große Hilflosigkeit in bezug auf die Gebetspraxis. Hat das Bittgebet einen Sinn? Warum soll Gott gelobt und gepriesen werden? Die Fragen scheinen unabsehbar ...

Wir sind heute oftmals überrascht, wie selbstverständlich das Beten bis vor ein, zwei Generationen noch war. Lob- und Preisgebete waren ebenso selbstverständlich wie die Bittgebete in allen möglichen Anliegen. Das Studium von früheren Gebetstexten läßt in uns oftmals die Vermutung aufsteigen, die Leute hätten auf eine abergläubische Weise gebetet, so direkt sprechen sie von der Vorsehung Gottes, seiner Gnade, seiner lenkenden Hand, so unmittelbar erwarten sie alles von seiner Gnade. Gleichwohl überrascht dann die Feststellung, daß auch in solchen „kindlich anmutenden Gebeten" am Ende die Anheimgabe an den Willen Gottes steht und das Beten mit einer großen Hingabe an den unerforschlichen Ratschluß Gottes gepaart ist.

Analysiert man diese Gebetstexte genauer und stellt sie in den geistesgeschichtlichen Zusammenhang, so zeigt sich deutlich: hier herrscht ein Weltbild, das sich entscheidend von unserer Sicht der Wirklichkeit unterscheidet. Es gibt in dieser zurückliegenden Sicht der Welt zwar die grundlegenden metaphysischen Ordnungen, aber diese Ordnungen beziehen sich lediglich auf die Grundmerkmale der Dinge, auf die Natur des Menschen. Alles übrige ist freies, kontingentes Geschehen, das nicht durch Gesetze bedingt, sondern durch Gottes Lenkung gefügt wird. Wetter, Saat und Ernte, das Gedeihen des Viehs, die Gesundheit und Krankheit der Menschen sind unabsehbares, dem Menschen zufallendes und so zu-fälliges Geschehen ...

Diese Art der Weltanschauung ist in der Neuzeit schrittweise und immer radikaler aufgelöst worden. Die Naturwissenschaften haben zunächst gesetzmäßige Zusammenhänge und Bedingungen zwischen den einzelnen Dingen erkannt und sie damit beherrschbar gemacht. Die Neuzeit stellt im weiteren Verlauf einen unerhörten Entdeckungsprozeß jener sich immer weiter komplizierenden Bedingungszusammenhänge dar, die überall walten, und zwar nicht nur in jenen Dimensionen der Wirklichkeit, die die verschiedenen Naturwissenschaften erforschen, sondern ebenso in den gesellschaftlichen und sozialen Zusammenhängen, welche von den neuzeitlichen Handlungs- und Humanwissenschaften, von den Geisteswissenschaften erforscht werden.

Man kann heute durch die Behandlung des Saatgutes, Bodenanalysen, entsprechende Düngungsmethoden den Erfolg bei der Ernte in einem viel höheren Grade sicherstellen, als dies in früheren Zeiten je der Fall war. – Die Krankheit stellt für den modernen Menschen ein Diagnoseproblem dar. Die richtige Analyse vorausgesetzt, erscheint die Krankheit zunächst als ein Problem, das durch entsprechenden Einsatz von Medikamenten und Gegenmaßnahmen zu beheben ist. – Gesellschaftliche Entwicklungen, zum Beispiel das Wirtschaftswachstum, lassen sich für begrenzte Zeiträume durchaus prognostizieren, obwohl sie von einer Fülle von Einzelentscheidungen abhängig sind.

Überall ist so die Grenze des Menschen weiter hinausgeschoben. Anders gesagt: die einzelnen Sachverhalte erscheinen in ihren mannigfachen Bedingungen und Zusammenhängen, von wo aus sie in gewisser Weise steuerbar und beeinflußbar sind. Erst im Blick jeweils auf die komplexe Ganzheit der Lebenszusammenhänge geht die früher so hautnah erfahrene Kontingenz jetzt auf. Setzt Beten voraus, daß der Mensch sich selbst an die Grenze bringt, so bedeutet dies für den neuzeitlichen Menschen, daß er sich in einer anderen Weise aus der Verflechtung in die unmittelbaren Zusammenhänge lösen muß. Die Distanznahme ist schwieriger, und damit ergibt sich eine größere Ferne zum Gebet …

Gebet erscheint dem modernen Menschen zunächst als Abbruch seines täglichen Geschehens. Dieser Bruch bereitet ihm Schwierigkeiten, weil er in die Unmittelbarkeit der menschlichen und sachhaften Bezüge hinein fixiert ist. Selbst seine Freizeit erscheint unter dieser Hinsicht als veränderte Fortsetzung dessen, was in der Arbeitszeit geschieht. Der Unterschied liegt vielfach nur darin, daß der Mensch in der Arbeit darauf aus ist, die unmittelbaren Beziehungen im Auge zu behalten und zu gestalten, in der Freizeit hingegen sich diesen Zusammenhängen nicht mehr primär aktiv gestaltend widmet, sondern sich vielmehr den dargebotenen Zusammenhängen und Bildern überläßt. Zur Freizeit gehören so die zahlreichen Informationen, Bilder der Ereignisse und Geschichten, in denen ihm die Realität in ihrer Unmittelbarkeit präsentiert wird.

Eine Unterbrechung all dessen erscheint dem Menschen zunächst als Vakuum. Entsteht hier nicht eine Leere? Bedeutet das Gebet nicht eine „verlorene" Zeit, weil sie nicht zu irgend etwas genutzt wird? Die Frage wäre positiv zu beantworten, wenn Gebet lediglich ein Nichts-Tun bedeuten würde. Tatsächlich aber bedeutet es: in der Hinwendung zu Gott zugleich auch das Leben, den Alltag, die Zusammenhänge in einen betrachtenden Blick zu nehmen. Der betrachtende oder der beschauliche Blick sieht das Leben, die Ereignisse, die Welt mit ihrer jeweiligen Bedingtheit und Verflechtung im ganzen. So aber gewinnt er zugleich mit der Sicht der gesamthaften Gestalt von Dingen und Ereignissen die Einsicht in ihre Zeitlichkeit und Kontingenz. Es erschließt sich im betrachtenden Blick die Grenze der Wirklichkeit, so wie sie die Menschen in früheren Zeiten sehr viel unmittelbarer und direkter in den Situationen erfahren haben.

Als Notwendigkeit erweist sich somit heute für die Kirche und für die Gemeinden, daß sie ihren Mitgliedern Hilfe anbieten, diese Unterbrechung und das Betrachten der Dinge einzuüben. Der einzelne wie die Familien brauchen immer wieder Ermunterung und Hilfe, die scheinbar nutzlose Vergeudung von Zeit gegen die mannigfachen Geschäfte durchzusetzen und sich im betrachtenden Blick auf die Wirklichkeit einzuüben. Gebets- und Meditationsliteratur sind dazu eine große Hilfe. Es bedarf darüber hinaus aber der gemeinsamen Veranstaltungen.

Erst wo der moderne Mensch wiederum gelernt hat, leicht und gleichsam von sich selbst zur täglichen Unterbrechung seines Lebensrhythmus zu kommen, in der Hinwendung zu Gott das Leben betrachtend zu sehen, kann jenes Tiefengebet erwachsen, das den Menschen bei der neuzeitlichen technischen Arbeit begleiten kann, ohne ihn in seiner Aufmerksamkeit und Wachheit für die Dinge und ihre Zusammenhänge zu irritieren ...

Der sonntägliche Gottesdienst, das häusliche Gebet, die stille Meditation des einzelnen, sind die Brunnenstuben, aus denen dieses lebendige Wasser des Geistes quillt. An diesem Wasser vermag der heutige, der Hektik ausgelieferte Mensch Erfrischung und Heilung zu finden. Gerade darin aber wird Gott gepriesen und gelobt, der seinem Volk Erlösung bereitet hat.

Peter Hünermann, Nr. 1644

BRÜCKEN BAUEN

Das Gebet ist eine Brücke
zwischen Menschen und Gott.
Betende Menschen über-brücken
Abgründe zwischen Zeit
und Ewigkeit.
Wer betet, verzeiht,
statt anzuklagen;
müht sich zu verstehen,
statt zu belehren;
gibt, statt zu fordern;
ermuntert, statt zu klagen;
vertraut, statt zu neiden;
heilt, statt Wunden zu schlagen;
liebt, statt zu hassen ...

Der Betende reicht die Hand auch dort,
wo der andere sie nicht entgegenstreckt.

Adalbert Ludwig Balling, Nr. 1319

Wir sind gesättigt, o Herr, von der Fülle deiner Geheimnisse, wir haben geschöpft aus dem seligen Quell deiner Güte. Was sollen wir deiner Liebe geben für solche Freigebigkeit? In inniger Regung des Gemütes schauen wir auf zu deiner Herrlichkeit und rufen bewundernd: O Größe deines Reichtums und deiner Weisheit, o Weite deiner Güte, o unergründlicher Abgrund deiner Erbarmung, daß du uns, die von Sünden und Schuld befleckt waren, solcher Seligkeit teilhaft machst. Nun bitten wir deine Barmherzigkeit, daß wir von allem Gericht und aller Verdammung gelöst, im hellen Morgenlichte der Auferstehung von deiner geistigen Freude durchströmt sein mögen mit allen Heiligen.

Cyrill von Jerusalem, Nr. 1587

Das Gebet – wie Wasser in der Wüste

Christ zu sein bedeutet eine Weise zu leben, die sehr von dem absticht, was in der bürgerlichen Gesellschaft von heute üblich ist – eine wahrhaft „alternative" Lebensweise. Während die meisten nach Sicherheit, Bequemlichkeit, Konsum, individualistischem Lebensgenuß streben, geht es uns um Engagement, Hingabe, Gemeinschaft, Einfachheit, Vertrauen, Anteilnahme am Mitmenschen, Überordnung der geistigen vor den materiellen Werten. Der lebendige Gott führt uns in ein Leben voller Überraschungen, manchmal geradezu ins Abenteuer.

Aus welchen Quellen schöpft eine so anspruchsvolle Art, das Leben zu gestalten? Jedenfalls nicht aus menschlichen Kräften allein. Die Quellen liegen in *Gott.* Ein Christ muß tagtäglich seine Beziehung zu Gott erneuern. Dazu braucht er eine „geistliche Lebensordnung". Er braucht auch die konkrete Glaubensgemeinschaft, die ihn gegen den Trend der Gesellschaft aufrechthält und immer wieder neu inspiriert.

Zu einer geistlichen Lebensordnung gehört der regelmäßige Empfang der *Sakramente,* vor allem die Teilnahme an der Heiligen Messe und am Bußsakrament; weiterhin die Beschäftigung mit der *Heiligen Schrift,* dem „Wort Gottes", und das *Gebet.* Eine tägliche feste Gebetszeit, verbunden mit einer Besinnung über einen Bibeltext, ist unbedingt notwendige Voraussetzung, um die Beziehung zu Gott wirklich *lebendig* zu erhalten und empfänglich für die „innere Stimme" des Heiligen Geistes zu werden! „Der Mensch bringt täglich seine Haare in Ordnung – warum nicht auch sein Herz?", sagt ein chinesisches Sprichwort. Wie das natürliche Leben, so muß auch das „geistliche Leben" regelmäßig „ernährt" werden.

Deshalb sollte man die tägliche Gebetszeit unbedingt auch dann einhalten, wenn einem nicht danach zumute ist, oder wenn man mit dem eigenen Glauben in eine Krise geraten ist. Das Leben mit Gott braucht eine gewisse Disziplin, ja Treue. „Halte die geistliche Lebensordnung, und sie wird dich halten!" Gerade in Zeiten der „Wüste", wenn ein Mensch sich innerlich leer, wie ausgetrocknet fühlt, hat er das Gebet am meisten nötig, mag es dann noch so mühsam sein. Die „Wüste" muß mit Mut und Entschlossenheit *durchquert* werden, dann findet man auch wieder heraus. Nachlässigkeit oder Resignation dagegen lassen das geistliche Leben buchstäblich verdursten.

Beim Stichwort „Gebet" denken die meisten Leute zuerst ans *Bittgebet.* „Beten" und „bitten" hängen tatsächlich vom Wort her zusammen. Angesichts der Nöte und Ängste des Lebens die höheren Mächte um Hilfe anzurufen, ist wohl das natürliche Verhalten jedes irgendwie religiös gesonnenen Menschen. Allerdings erleben Menschen hier immer wieder auch Enttäuschungen. Gläubige bleiben keineswegs von Schicksalsschlägen verschont. Bei weitem nicht jedes Gebet wird erhört. Liest man die Gedenktafeln, wie sie an vielen Wallfahrtsorten hängen, könnte man meinen, jedes Bittgebet ginge in Erfüllung. Die Wirklichkeit sieht anders aus. Man kann verstehen, wenn Menschen dann sagen: „Beten nützt nichts." Oder haben sie „falsch", das heißt in einer falschen Haltung und mit unangemessenen Erwartungen gebetet?

Nicht selten machen Menschen Gott sozusagen zum „Briefkastenonkel" für ihre Probleme. Sie kommen erst dann zu ihm, wenn sie in der Klemme stecken. Wo sie selbst nicht mehr weiter wissen, soll Gott einspringen. Ist aber solches Beten nicht sehr selbstbezogen? Nimmt es Gott überhaupt ernst? Mit den Kritikern der Religion darf man hier wohl fragen: Bastelt man sich da nicht einen Gott zusammen, der zu den eigenen Wünschen paßt? Wenn ich in Not gerate, soll er mir helfen; wenn es mir schlecht geht, soll er mich trösten – aber ansonsten möge er mich in Ruhe lassen ... Ob *Gott* das wohl so recht ist? Ob er wohl manches Bittgebet einfach deshalb nicht erhört, weil er diese

„unreife“, allzumenschliche Art des Betens nicht auch noch unterstützen will? Der *wirkliche* Gott ist gewiß anders als der „Gott unserer Bedürfnisse“ – lebendiger, unbequemer, nicht berechenbar. „Meine Gedanken sind nicht eure Gedanken, und eure Wege sind nicht meine Wege!“ (Jes 55,8).

Kann man auch anders beten? Echtes Gebet hat vor allem den einen Sinn, daß wir uns auf die eigentliche Grundlage unseres Lebens besinnen. Diese Grundlage unseres Lebens ist jener Gott, zu dem wir „Vater“ sagen dürfen, der uns liebt und dem wir grenzenlos vertrauen dürfen; er ist aber auch ein Gott, der uns fordert und uns aufruft, auf ihn zu hören und uns von ihm führen zu lassen. Richtig zu beten, also mit dem *wirklichen* Gott in Kontakt zu kommen, setzt also voraus, daß ich zu diesem Gott eine persönliche Beziehung habe: daß ich „Freundschaft mit Gott“ geschlossen habe. Dann kann ich mit ihm sprechen, wie ich mit einem Freund spreche.

Wie spricht man mit einem Freund? Solche Gespräche dienen eigentlich keinem besonderen „Zweck“. Sie sind einfach Ausdruck der Freundschaft. Beziehungen zwischen Menschen leben davon, daß man zusammen ist und miteinander redet. Freunde teilen ihr Leben, indem sie einander von ihren Sorgen und Freuden erzählen. Einem Freund kann ich natürlich auch meine Probleme anvertrauen und ihn gegebenenfalls um Hilfe bitten; ich werde ihn aber nicht dauernd bloß mit meinen Wünschen plagen. Auch kann ich nicht verlangen, daß er mir Dinge abnimmt, die ich genausogut selber leisten könnte; damit würde er mich nur unselbständig machen. Schließlich muß ich ihm das Recht zugestehen, seine eigenen Interessen zu haben; er darf auch von mir etwas erwarten. Manchmal allerdings wird er mir zuvorkommen und mir aus Freundschaft helfen, ohne daß ich ihn erst hätte bitten müssen.

Die Freundschaft mit Gott läßt sich in vieler Hinsicht gut mit einer solchen Freundschaft unter Menschen vergleichen. Gott allerdings ist kein Partner auf gleicher Ebene; er ist mir unendlich überlegen. Dies sollte aber nicht Scheu oder gar Angst wecken, sondern ein grenzenloses *Vertrauen.*

Wie das Gespräch mit einem Freund, so läuft auch das Gespräch mit Gott nicht in vorgezeichneten Bahnen ab. Es entwickelt sich frei. Mit dem Gebet erfülle ich nicht eine religiöse Pflicht oder absolviere mein „Gebetspensum", sondern ich suche den *lebendigen* Kontakt mit Gott. So sehr vorgeformte Gebete eine Hilfe sein können, sollte doch jeder sich ins *freie,* ganz persönliche Beten einüben. Es kommt dabei nicht auf schöne Worte oder Formulierungskünste an. Gebet muß vor allem echt und ehrlich sein. Es darf meine wahren Gefühle zum Ausdruck bringen, auch Klage, Angst, Verwirrung, Zorn usw. Die Psalmen mögen hier eine „Schule des Betens" bilden: Die biblischen Beter scheuten sich nicht, sogar mit Gott zu streiten, und ebenso zwanglos drückten sie ihre Freude aus.

Wie bete ich, wenn ich aus einer persönlichen Beziehung zu Gott lebe? Ich bete, einfach weil es mir wichtig ist, mit Gott in Kontakt zu kommen. Gebet ist zweckfrei! Ich nehme mir Zeit für Gott – diese Viertel- oder halbe Stunde gehört ihm allein. Ich versuche, mich ihm zu öffnen. Eine Hilfe, um still zu werden und sich zu sammeln, können Meditations-Übungen bieten.

Dann fange ich an, mein Leben vor Gott auszubreiten. Meistens fühle ich mich zuerst gedrängt zu *danken.* Das Danken ist eine viel ursprünglichere Weise zu beten als das Bitten! Bevor ich an Gott denke, ist er ja schon auf mich zugegangen und hat mich beschenkt. So danke ich für die Gabe des Lebens, für Gottes Liebe, für konkrete erfreuliche Ereignisse. Vielleicht gelingt es mir sogar, für die weniger angenehmen Erlebnisse, für Leid und Enttäuschung zu danken. Habe ich das Vertrauen, daß Gott mir auch diese zum Guten gereichen lassen wird? Viele erfahrene Beter bezeugen jedenfalls, daß sich ihre Einstellung zum Leben spürbar wandelte, sobald sie Gott wirklich für *alles* dankten, auch für die dunklen Seiten des Lebens. Erst wenn ich Gott *um seiner selbst willen* verherrliche, unabhängig von meinem persönlichen Wohlbefinden, geht es mir eindeutig um *ihn* und nicht nur um mich! Aus dem Dankgebet geht der *Lobpreis* hervor: Ich lobe Gott und gebe ihm die Ehre. Vielleicht kommt mir dabei ein Lied auf die Lippen.

Als nächstes ist es angebracht, eine *Stelle aus der Bibel zu meditieren.* Dort hat Gott sein Wort gesprochen. Über die Heilige Schrift will er auch heute in mein Leben hineinsprechen: Die Bibel ist „Wort Gottes – *heute für mich*". Aufmerksam lese ich einen Abschnitt aus der Bibel und lasse ihn auf mich wirken. Es kommt jetzt nicht darauf an, ihn sachlich richtig auslegen zu können, sondern darauf zu hören, was Gott mir persönlich sagen will. Ich achte also darauf, ob irgend etwas mich besonders anrührt. Ich versetze mich hinein, etwa in eine Szene des Evangeliums, und stelle mir vor, daß Jesus jetzt zu *mir* spricht, mich ruft, heilt, mir vergibt usw. Durch solches „betrachtendes Gebet" trete ich in ein wirkliches Gespräch mit Gott ein. Das, was mich *hier und jetzt* betroffen macht, ist Gottes Wort in diesem Augenblick für mich. Darüber denke ich weiter nach. Ich frage, was es konkret für mich bedeuten könnte, und antworte mit meinem Gebet. Dabei mag eine sehr persönliche Auslegung herauskommen; wenn ich *ehrlich* auf Gott horche, gibt er mir ganz persönliche Hinweise für mein Leben. Wir lesen ja die Bibel nicht „neutral", sondern mit unseren Fragen und Erfahrungen im Hintergrund. Ebenso nehme ich das Wort der Heiligen Schrift wieder mit in mein Leben. Es soll mich begleiten, mir Erleuchtung und Wegweisung geben. Oft „spricht" es dann in konkrete Situationen hinein.

Nachdem ich so mein Leben für Gott geöffnet habe, kann ich ihm auch meine *Probleme* anvertrauen. Nun bin ich imstande, seine Antwort anzunehmen. Meistens gibt es einiges, was mich belastet. Ich arbeite es jetzt vor Gottes Angesicht durch: Ich überdenke belastende Erlebnisse noch einmal, versuche mich selbst zu erforschen und mir über die Zusammenhänge klarer zu werden. Ich bitte um Vergebung für meine Verfehlungen. Ich vertraue Gott die Menschen an, mit denen ich Schwierigkeiten habe. Ich spreche meine Angst und Sorge aus und übergebe sie Gott. Vor ihm brauche ich mich nicht zu schämen, deshalb darf ich ganz ehrlich sein, darf offen von meinen Ängsten, meinem Ärger, meinen Aggressionen sprechen – auch von Dingen, die ich keinem Menschen sagen würde. Ich weiß ja, daß Gott mich annimmt, wie ich bin. Dieses „therapeutische Beten" hat heilende Wirkungen. Es klärt meine Probleme, läßt mich von Gott her alles neu sehen und ein neues Vertrauen, oft eine neue Freude und mehr Mut zum Leben wachsen.

Beim Beten gewinne ich auch die *Klarheit für das richtige Handeln*. Ich stelle mich auf Gott ein und frage, was er wohl von mir erwarten mag. Das Urbild für diese Art zu beten finden wir im „Vaterunser". Dies ist ja, genau betrachtet, ein recht merkwürdiges Gebet. Ein Bittgebet, gewiß … „Dein Name werde geheiligt. Dein Reich komme. Dein Wille geschehe" – das sind doch sozusagen „Gottes eigene Angelegenheiten"! Wir machen also Gottes Anliegen zu den unseren, bevor wir dann mit unseren eigenen Bitten kommen: um Brot, Vergebung, Rettung vor dem Bösen. Mich in dieser Weise auf Gott einzustellen und zuerst nach *seinem* Willen zu fragen, halte ich für entscheidend für richtiges Beten. So erkenne ich Gott wirklich *als Gott* an, das heißt als den, der mich *unbedingt* angeht und mich deshalb auch ganz in Anspruch nehmen darf.

Dabei entsteht die Klarheit, was nun zu tun ist, und es wächst auch die innere Kraft dafür. Beten ersetzt nicht das Handeln, sondern führt zum Handeln. Ohne das Gebet bleibt jede Arbeit, jedes Engagement fruchtlos. „Heute habe ich viel zu tun – darum muß ich heute viel beten!", sagte Martin Luther. Wenn die Arbeit dauernd das Gebet verdrängt, stimmt mit der *Arbeit* etwas nicht!

Wenn ich mein Leben vor Gott ausgebreitet und mich zunächst einmal seinem Willen geöffnet habe, darf ich ihm auch alle meine Anliegen und Wünsche anvertrauen. Hier ist nun der richtige Augenblick für das *Bittgebet.* Wieder bete ich in einer Haltung völliger Hingabe, bereit, alles aus der Hand zu geben. Ich muß es Gott überlassen, was er daraus macht – aber ich darf vertrauen, daß er nur Gutes für mich will. „Wenn ihr betet, sollt ihr nicht plappern wie die Heiden, die meinen, sie werden nur erhört, wenn sie viele Worte machen. Macht es nicht wie sie; denn euer Vater weiß, was ihr braucht, noch ehe ihr ihn bittet!" (Mt 6,7–8). Das Gebet dient nicht dazu, Gott zu „beschwätzen", um ihn für die eigenen Interessen einzuspannen. Es soll nicht *Gott* beeinflussen, sondern *uns* verändern: Es weckt eben jenes Vertrauen, daß „der Vater weiß, was ich brauche". Wir befinden uns vor Gott nicht in der Lage des Bettlers vor dem Reichen, der auf dessen Geberlaune angewiesen ist, sondern in der Lage des Kindes vor seinen Eltern, das weiß, daß sie gut für es sorgen, noch bevor es um etwas Bestimmtes bittet. Ich kann mich in seine Hand geben und *seinen* Willen tun, ohne Angst, daß ich selber dabei zu kurz komme – für mich wird *er* sorgen.

Die Erfahrung zeigt, daß man in dieser Grundhaltung dann auch sehr freimütig bitten kann und oft in überraschender Weise erhört wird. Wenn ich nämlich zuvor Gott Raum in meinem Leben gegeben habe, kann er auch wirklich seine Macht in meinem Lebensbereich entfalten. Die meisten Menschen halten Gott viel zu sehr aus ihrem Leben draußen – wohl deswegen erfahren sie so wenig von seiner Macht! Noch „wirkungsvoller" ist solch ein Bittgebet, wenn eine ganze Gemeinschaft sich Gott geöffnet hat.

Manchmal geht beides Hand in Hand: auf Gottes Willen zu hören und ihn um etwas zu bitten. Da wird den Betern eine eigentümliche Gewißheit gegeben, als wollte Gott sagen: „Genau *darum* müßt ihr mich bitten; ich warte nur darauf, daß ihr euch öffnet, und es wird euch gewährt werden!" Ich denke, dies ist ein „Beten im Heiligen Geist" (vgl. Röm 8,26–27).

Eine wichtige Rolle im Gebetsleben spielt es, stellvertretend für die Menschheit vor Gott hinzutreten. Wir halten gleichsam „Gebetswache über der Welt". Unsere Bitten um Frieden, Gerechtigkeit, Brot für alle, Bewahrung der Schöpfung usw. werden nicht von heute auf morgen in Erfüllung gehen können; selbstverständlich braucht es dafür auch das tatkräftige Engagement. Angesichts der verfahrenen Weltsituation und der Hilflosigkeit der „Macher" aber drückt unser Gebet die Hoffnung aus, daß *Gott* Wege öffnet, wo Menschen an ihre Grenzen geraten sind.

Oft bete ich für andere Menschen, deren Nöte ich kenne, oder die mich darauf angesprochen haben. Ohne Gott „Vorschriften zu machen", halte ich sie ihm einfach hin und verweile eine Zeitlang bei jedem einzelnen. Ich habe das Vertrauen, daß Gott durch mein Gebet auch dort etwas bewirkt, wo ich nichts tun, sondern nur einen Menschen segnen kann.

Die höchste Form des Betens ist die *Anbetung*. Darüber läßt sich nur schwer etwas sagen. Wer anbetet, versenkt sich in die Unermeßlichkeit Gottes und verehrt sein Geheimnis. Das ist das Höchste, was ein Mensch überhaupt tun kann. Es braucht nicht viele Worte dazu. Schweigen ist oft angemessener – ein erfülltes Schweigen, ergriffen von der Nähe Gottes. Dann bin ich wirklich vereint mit ihm, der die Grundlage meines Lebens ist. Der innere Friede, den er mir gibt, und die Gewißheit seiner Liebe sind die schönsten Früchte des Gebets.

Neben dem persönlichen scheint mir das *gemeinschaftli-*

che Gebet wichtig zu sein – nicht nur im Gottesdienst, sondern auch im privaten Raum, angefangen bei der Familie. Man kann sich auch zu einer „Gebetsgruppe" zusammentun. Gebet und Hören auf Gottes Wort sind Grundlagen jeder Glaubensgemeinschaft. Zunächst bietet sich dafür das Stundengebet oder der Rosenkranz an. Man kann aber auch in Gemeinschaft frei beten, etwa nach Art des „betrachtenden Gebets", ausgehend von einem Schriftwort. Anfangs kostet es immer eine Überwindung, vor anderen laut zu beten – Beten ist ja etwas sehr Persönliches, man gibt etwas vom eigenen Inneren preis. Doch das persönliche, gemeinsame Beten verbindet. Oft rührt das, was der eine sagt, einen andern tief an. Wir bekommen etwas zu spüren vom Geist Gottes, der gerade in der *betenden* Gemeinde gegenwärtig sein will.

„Betet ohne Unterlaß!", mahnt der Apostel Paulus (1 Thess 5, 17). Natürlich kann man nicht dauernd ein Gebet auf den Lippen haben – nüchterne Menschen würden das eher als Frömmelei empfinden. Wer aber regelmäßig betet, findet langsam in eine bestimmte *Grundhaltung* hinein, in der er einfach ständig mit Gott verbunden bleibt, auch im Alltag.

Wilhelm Schäffer, Nr. 1609

Man hat mich des Landes verwiesen,
mich in die Wüste geschickt –
in die Wüste der Verbannung.
Aber in der Wüste wächst eine Blume,
im Elend entsteht Leben.
Mir, dem Unbekannten,
wurde Freundschaft angeboten.

Herr, ich klage nicht länger,
denn ich habe die Blume gesehen
und die Gärten in der Wüste.
Ich habe eine Kerze gesehen
in der Finsternis der Nacht.
Ich habe einen Freund gesehen
am entlegenen Ort.
Ich habe Gastfreundschaft genossen
in der Wüste der Verbannung.
Ich bin aufgenommen worden
und ich bin verteidigt worden –
und sie haben mich geliebt.

Herr, weil die Blume in der Wüste blüht,
weil Menschen mir Leben und Licht
und Freundschaft schenken,
habe ich meine Angst bezwungen.
Das Unmögliche wurde möglich –
dank der Blumen in der Wüste!
Dank deiner Liebe zu allen Geschöpfen.

Nach einem Text von R. F. Romero, Mittelamerika, Nr. 1519

Wenn wir wie Brüder beieinander wohnten,
Gebeugte stärkten und der Schwachen schonten,
dann würden wir den letzten heiligen Willen
des Herrn erfüllen.

Nach Johann Andreas Cramer, Nr. 1587

Herr,
segne unsere Familie

Es bedarf nicht nur des gemeinsamen Betens in der Gemeinde, wenn diese die Liturgie feiert, sondern ebensosehr des persönlichen Gebets in der Familie. Da ist in der letzten Generation viel verlorengegangen. Können wir es zurückgewinnen? Ohne das Gebet in der Familie und das persönliche Beten gerät der Glaube in unserm Land in Gefahr, einzutrocknen und auszusterben.

Beten lernt man als Kind, indem man zunächst beim Gebet der Eltern dabei ist und die körperliche Geste, das „Aufheben der Hände" oder „Händefalten" mitvollzieht. Ein Kreuz auf die Stirn gezeichnet zu bekommen und später selber das Kreuzzeichen zu schlagen, ist keine Äußerlichkeit. Als ein Laie, der die Kinder im Gottesdienst seiner Pfarrei betreute, anfing, jedem von ihnen am Schluß des Gottesdienstes ein Kreuz auf die Stirn zu zeichnen, spielte sich wie von selbst ein, daß am Schluß jedes Gottesdienstes die Kinder zu ihm nach vorn drängten, um sich dieses Zeichen geben zu lassen. Sie mögen darin persönliche Annahme, Zärtlichkeit, Abschied und segnende Begleitung für das Weggehen in den Tag und in die kommende Woche erfahren haben. – Wenn Mutter oder Vater dem Kind ein Kreuz auf die Stirn zeichnen, deuten sie damit an, daß sie nicht in der Lage sind, es selber zu beschützen, und es deshalb unter den Schutz Gottes stellen. Auch drücken sie damit ihren Glauben an das Kreuz und ihre Hoffnung auf das Kreuz aus, die Mitte unseres Glaubens, der auch der Glaube der Kinder werden sollte. Kinder, die beim Gebet zunächst nur dabei sind, lernen alsbald, das Gebet mitzusprechen. Was sie zunächst nicht verstehen, gelangt im Lauf der Jahre zur Kenntnis.

Es gibt noch Familien, in denen Eltern und Kinder gemeinsam frühstücken, aber das ist sicher die Ausnahme. Wenn solche Familien mit einem gemeinsamen Morgengebet den Tag beginnen, so ist das eindrucksvoll und schön. Warum nehmen wir uns am Abend so viel Zeit für den

Konsum und haben am Morgen keine Minute frei, uns mit Körper und Herz vor Gott zu stellen. Es kommt ja nicht darauf an, daß viel gesprochen wird, und auch nicht so sehr, daß überhaupt gesprochen wird, sondern daß der Beginn des Tages den eigentlichen bleibenden Sinn unseres Lebens für einen Augenblick zum Ausdruck bringt. Wir leben vor Gott, unser Leben ist ein Auftrag und ein Dienst, in dem die Gottesliebe, zu der wir aufgerufen sind, im Dienst an den anderen verwirklicht wird. Wir übernehmen diesen unsern Auftrag und wollen ihm – mit Gottes Hilfe – an diesem Tag entsprechen.

Für regelmäßiges gemeinsames *Beten am Morgen* sollte man sich eine Sammlung von Texten zusammenstellen. Dabei nutzen wir die Hilfe guter Gebetbücher. Vielleicht ist es aber auf die Dauer besonders schön, einen Psalm im Wechsel zu sprechen. Wenn die Einheitsübersetzung des Alten Testaments zur Verfügung steht, wird sie benutzt. Der Text aus der Lutherbibel oder der Zürcherbibel ist aber mindestens ebenso gut und kann gerade in einer konfessionsverschiedenen Ehe oder Familie gebraucht werden. Wir stellen eine Liste der Psalmen zusammen, die sich besonders als Morgengebet eignen. Einige von ihnen sind zu lang oder enthalten Stellen, die schwer verständlich sind. Deshalb werden Kürzungsvorschläge gemacht, indem die Verse genannt werden, die sich zum gemeinsamen Gebet besonders eignen:

Ps 8; Ps 19; Ps 23; Ps 65 (evtl. gekürzt: 7–14); Ps 85,8–14; Ps 92,2–7.13–16; Ps 98; Ps 100 (bes. sonntags); Ps 103,1–5.13.14.19–22; Ps 108,2–7; Ps 113; Ps 146; Ps 150.

Das *Tischgebet* beim gemeinsamen Mittagessen oder Abendessen ist in manchen Familien erhalten geblieben. Hier ist wohl auch die Stelle, an der man am ehesten ansetzen kann, um wieder gemeinsames Gebet zu praktizieren. Die Möglichkeit ist gerade dann auch sinnvoll zu nutzen, wenn die Kinder und Enkel zu Besuch kommen, die selber zu Hause vielleicht nicht mehr beten, aber dies nicht, weil sie keinen Glauben hätten oder nichts mit Gott zu tun haben wollen, sondern weil sie den Mut dazu nicht finden und die falsche „religiöse Diskretion" nicht zu überspringen vermögen. Außer den üblichen und weithin noch bekannten Tischgebeten eignen sich auch sehr Psalm 128 oder Psalm 145,1–3.10–17.21. Aus dem Psalm 145 ist auch eines der verbreitetsten Tischgebete entnommen.

Wenn sich nach Tisch nicht alles „auflöst", sondern man das Mahl gemeinsam beendet, wäre das gemeinsam gesprochene Vaterunser ein guter Abschluß.

Ein Tischgebet ist natürlich nur dann sinnvoll (und könnte hierfür eine heilsame Erinnerung sein), wenn beim Miteinanderessen auch eine Gemeinschaft der Zuneigung, der liebevollen Annahme des andern, der Bereitschaft, ihm zuzuhören gegeben ist, und wenn man Zeit hat, es sich gut schmecken zu lassen. Bei Tisch ist eine der Grundregeln humaner Lebensführung besonders wichtig: daß man nämlich nur eines auf einmal tut. Zeitungen und Fernsehen passen nicht zur gemeinsamen Mahlzeit. Aber ein Tischgespräch, bei dem jeder zur Wort kommt, drückt die Freude und Zuneigung angemessen aus, die unsere Mahlzeiten tragen sollen.

Der Fernsehabend, das abendliche Ausgehen und das Heimkommen zu verschiedenen Zeiten, haben leider auch dem gemeinsamen Abendgebet seinen Ort genommen. Nun ist aber das *Abendgebet* besonders geeignet, daß wir uns auf unsere Situation als sterbliche Menschen und auf unsere Vergänglichkeit besinnen. Vergänglich sind unsere Konflikte, so daß zum Abend das Einander-Verzeihen gehört. Dadurch bereiten wir vor, daß am Morgen jedem von uns ein neuer Anfang geschenkt ist. Zu-Bett-Gehen sollte man in Frieden. Der Friede ist die beste Voraussetzung für einen guten Schlaf. Zur Wiederherstellung des Friedens ist die Aussprache miteinander als ein Teil des Gebets eine gute Übung. Das Abendgebet ist auch die Gelegenheit, bei der für die Familienmitglieder, für die Freunde und Verwandten, für die Notleidenden, für alle Menschen Fürbitten gesprochen werden. Jeder der Betenden sagt eine Bitte in der einfachen Form von: „Für unsern Jochen, der zur Zeit mit dem Auto unterwegs ist ...", oder „Für die Menschen, die beim Flugzeugabsturz ums Leben gekommen sind, und für ihre Angehörigen ...", und alle antworten: „Wir bitten dich, erhöre uns!"

Eine Zeitlang wurde für das Gebet mit Kindern empfohlen, sie beim Abendgebet Gott alles erzählen zu lassen, was sich am Tag ereignet hat, das Schöne und das Unschöne. Dadurch sollte, so meinte man, das spontane, freie Beten vorbereitet werden. – Wir haben bei unserm jüngsten Kind die Erfahrung gemacht, daß es die Aufforderung der Mutter, es dürfe Gott jetzt alles erzählen, was am Tage geschehen sei, mit dem erstaunten Hinweis beantwortete: „Aber das erzähle ich doch alles dir!" Vielleicht hat das Kind damit einen wertvollen Hinweis auf die Stellvertreterfunktion gegeben, die Mutter und Vater für das Kind haben. Sie hören ihm in der Tat an Stelle Gottes zu, oder anders gesagt: Wenn Mutter oder Vater zuhören (nämlich: wirklich mit wachem Interesse zuhören), dann hört auch Gott zu.

Das gleiche gilt übrigens für das Einanderverzeihen. Wo ein Mensch verzeiht, dem wir unrecht getan haben, da hat auch Gott verziehen, und wo Menschen sich versöhnen, sind sie auch mit Gott versöhnt.

Günter Stachel, Nr. 1623

„Es segne dich der Ewige und behüte dich. Es lasse dir sein Antlitz leuchten der Ewige und sei dir gnädig. Es wende dir sein Antlitz zu der Ewige und gebe dir Frieden" (Num 6,24–26).

Und möge es der Wille sein vor unserem Vater im Himmel, die Liebe zu Ihm und die Ehrfurcht vor Ihm in dein Herz zu legen.

Die Furcht des Herrn ruhe alle Tage deines Lebens auf deinem Angesicht, daß du nicht sündigst.

Dein Verlangen sei nach der Lehre und den Geboten. Deine Augen mögen geradeaus schauen, dein Mund spreche Weisheit, dein Herz sinne Ehrfurcht, deine Hände mögen sich mit guten Werken beschäftigen, deine Füße mögen eilen, den Willen deines Vaters im Himmel zu erfüllen.

Er gebe dir fromme Söhne und fromme Töchter, die sich alle Tage ihres Lebens mit der Lehre und den Geboten beschäftigen.

Dein Familienleben sei gesegnet; Er lasse dich deine Ernährung auf erlaubte und leichte Weise finden und im Überfluß aus Seiner reichen Hand und nicht durch die Gabe von Fleisch und Blut, eine Ernährung, die dir Zeit läßt für den Dienst des Ewigen.

Mögest du in den himmlischen Büchern zu glücklichem und langem Leben eingeschrieben und besiegelt werden, inmitten aller Frommen und Gerechten.

Elternsegen am Vorabend des jüdischen Versöhnungstages, Nr. 1567

Heute habe ich Geburtstag und freue mich dessen; denn es darf jedes sich freuen, daß es geboren ist. Diese Freude liegt in dem inneren Wert, den jeder Mensch hat. Das ist kein vergnüglicher Wert, sondern ein ewiger, tiefgehender. Es ist das unser Vorzug, den wir vor den Tieren und Pflanzen haben.

Jeder Mensch ist entweder ein helfendes Glied oder ein störendes.

Wenn ich heute unsere Familie, unsere Freunde und den Kreis, der sich um uns gebildet hat, ansehe, so fühle ich, wie gerade *wir* darauf angewiesen sind, Frucht zu bringen fürs Ganze. Wer in meine Nähe kommt, muß immer fürs Ganze sich interessieren. Ich lasse mich nicht draus bringen, und ich hoffe, ihr auch nicht! Man kann nur selig sein im Ganzen. Und wer das Ganze im Auge hat, der wird unentbehrlich. Halte dich für einen Menschen, der an irgendeinem Plätzchen unentbehrlich ist! Da sei treu und habe das Ganze im Auge! Jeder kann die Ziele unseres Gottes aufs große, letzte Ganze schauen, und er kann an dem Plätzchen, wo er steht, unentbehrlich werden.

Christoph Blumhardt, Nr. 1587

Großer Gott, wir loben dich;
Herr, wir preisen deine Stärke.
Vor dir neigt die Erde sich
und bewundert deine Werke.
Wie du warst vor aller Zeit,
so bleibst du in Ewigkeit.

Alles, was dich preisen kann,
Kerubim und Serafinen
stimmen dir ein Loblied an;
alle Engel, die dir dienen,
rufen dir stets ohne Ruh
„Heilig, heilig, heilig" zu.

Heilig, Herr Gott Zebaot!
Heilig, Herr der Himmelsheere!
Starker Helfer in der Not!
Himmel, Erde, Luft und Meere
sind erfüllt von deinem Ruhm;
alles ist dein Eigentum.

Ignaz Franz, Nr. 1587

Gotteslob in der Gemeinde

Die Liturgie sagt nicht „Ich", sondern „Wir", es sei denn daß die betreffende Handlung die Einzahl in besonderer Weise fordert (z. B. bei einer persönlichen Willenserklärung oder in manchen Gebeten des Bischofs, des Priesters u. a.). Die Liturgie wird nicht vom einzelnen, sondern von der Gesamtheit der Gläubigen getragen. Diese Gesamtheit nun setzt sich nicht nur aus den Menschen zusammen, die gerade in der Kirche sind; sie ist nicht nur die versammelte „Gemeinde". Sie dehnt sich vielmehr über die Schranken des betreffenden Raumes hin aus und umfaßt alle Gläubigen auf der ganzen Erde. Über die Schranke der Zeit greift sie ebenfalls hinweg, insofern sich die auf Erden betende Gemeinschaft auch mit den Heimgegangenen eins weiß, die in der Ewigkeit stehen. Allein die Bestimmung des Allumfassens erschöpft den liturgischen Gemeinschaftsbegriff noch nicht. Das Ich, welches die liturgische Gebetshandlung trägt, ist nicht die einfache Zusammenzählung aller gleichgläubigen Einzelnen. Es ist deren Gesamtheit, aber sofern die Einheit als solche etwas ist, abgesehen von der Menge derer, die sie bilden: *die Kirche ...*

Sie ist in sich geschlossen: ein Gefüge von unübersehbar mannigfaltigen Lebensäußerungen, von Mitteln und Zwekken, von Tätigkeiten und Wirkungen, von Menschen, Einrichtungen, Gesetzen usw. Sie besteht aus den Gläubigen; aber sie ist mehr als deren bloße durch gleiche Überzeugungen und gleiche Ordnungen zusammengefaßte Summe. Die Gläubigen sind vielmehr durch einen wirklichen, gemeinsamen Lebensgrund verbunden. Das ist der wirkliche Christus; sein Leben ist das unsere; ihm sind wir „einverleibt", wir sind „sein Leib", *Corpus Christi mysticum.* Und eine wirkliche Macht ist vorhanden, welche diese große Lebenseinheit beherrscht, den Einzelnen in sie einfügt, ihn am gemeinsamen Leben teilnehmen läßt und darin erhält: der „Geist Christi", der Heilige Geist. Jeder einzelne Gläubige ist eine Zelle dieser Lebenseinheit, ein Glied dieses Leibes.

Bei mannigfachen Gelegenheiten wird sich der einzelne Gläubige dieser ihn umschließenden Einheit bewußt, vor allem in der Liturgie. In ihr sieht er sich nicht als Sonderwesen, sondern als Glied dieser Einheit Gott gegenüberstehen. Sie ist es, die zu Gott spricht; der Gläubige spricht in ihr. Von ihm fordert sie, daß er sich als ihr Glied wisse und wolle. Das Erlebnis der kirchlichen Gemeinschaft liegt für den Einzelnen auf dem Grunde des liturgischen Verhältnisses. Der Gläubige – wenn anders er die Liturgie in lebendiger Weise mitfeiern will – muß sich bewußt sein, daß er als Glied der Kirche und die Kirche in ihm betet und handelt; er muß sich mit allen andern Gläubigen in dieser höheren Einheit eins wissen und mit ihnen eins sein wollen ...

Die geistliche Gemeinschaft, wie jede andere, verlangt vom einzelnen ein Doppeltes. Einmal ein Opfer: er soll, soweit und solange er als Glied der Gemeinschaft tätig ist, auf das verzichten, was in ihm nur für sich sein will und die andern ausschließt. Er muß sich weggeben und mit andern sein, muß der Gemeinschaft einen Teil seiner Selbstgehörigkeit und Selbstführung opfern. Und dann eine Leistung: es wird von ihm gefordert, daß er einen umfassenderen Lebensinhalt, nämlich den der Gemeinschaft, als eigenen annehme, daß er sich in diesen ausweite, ihn im Bewußtsein trage, bejahe und auswirke.

Die Forderung kann ein verschiedenes Aussehen gewinnen, je nachdem wie der betreffende Gläubige geartet ist. Es kann in ihr mehr der sachliche Gehalt des geistlichen Gemeinschaftslebens hervortreten: die Gedanken, die dieses erfüllen, die Ordnung seiner Mittel und Zwecke, die bestehenden Bestimmungen, Regeln und Gesetze, die zu vollbringenden Leistungen, die Pflichten und Rechte usw. Opfer und Leistung, wie sie oben beschrieben wurden, nehmen dann einen sachlichen Charakter an. Das Einzelwesen muß darauf verzichten, seine eigenen Gedanken zu denken, seine eigenen Wege zu gehen. Es hat den Absichten und Wegen der Liturgie zu folgen. Es muß seine Selbstverfügung an sie abgeben; mitbeten, statt selbständig vorzugehen; gehorchen, statt frei sich zu verfügen; in der Ordnung stehen, statt sich nach eigenem Willen zu bewegen. Aufgabe des einzelnen ist es ferner, die liturgische Ideenwelt zu „realisieren". Er muß aus seinem gewohnten Gedankenkreis heraustreten und sich eine weit reichere, umfassendere Geisteswelt zu eigen machen; er muß über seine persönlichen Zwecke hinausgehen und die Erziehungsziele der großen liturgischen Menschheitsgemeinschaft annehmen. So kommt es von selbst, daß er an Übungen teilnehmen muß, die seinen gerade gefühlten besonderen Bedürfnissen nicht entsprechen; daß er um Dinge bitten muß, die ihn nicht unmittelbar angehen; Anliegen als die seinen ergreifen und im Gebet vor Gott vertreten muß, die ihm fernliegen und nur durch die Bedürfnisse der Allgemeinheit bedingt sind; er muß (das ist bei einem so reich entwickelten Gefüge von Gebeten, Handlungen und Bildern unvermeidlich) auch wohl Vorgängen folgen, die er in ihrem eigentlichen Sinn nicht oder nicht ganz versteht usw.

Hierin liegt tatsächlich eine Schwierigkeit, doppelt fühlbar für den heutigen Menschen, der so schwer auf seine Selbständigkeit Verzicht leistet ... Was hier die Liturgie fordert, ist mit einem Wort zu sagen: Demut. Demut als Verzicht: nämlich die Hingabe der eigenen Selbständigkeit und Selbstherrlichkeit. Und Demut als Leistung: nämlich die Annahme eines dargebotenen, über die Kreise des eigenen Daseins hinausgehenden geistlichen Lebensinhaltes ...

Dies Einfügen seiner selbst wird durch eine Eigentümlichkeit des liturgischen Gemeinschaftslebens erleichtert. Sie bildet den ergänzenden Gegensatz zu seinen oben dargelegten Eigenschaften. Nennen wir die Seelenverfassung, von der wir zuerst ausgingen, die individualistische, so steht ihr die soziale gegenüber, die überall nach Gemeinschaft drängt und ebenso unwillkürlich im „Wir" lebt, wie jene im abgeschlossenen „Ich". Sie wird, wenn sie sich geistlich betätigt, unwillkürlich Gleichgesinnte aufsuchen; und zwar wird dieses Gemeinschaftsstreben von einer Entschiedenheit sein, die der Liturgie fremd ist. Man braucht bloß an die Weisen geistlicher Einwirkung und an die Art des Zusammenseins bestimmter Sekten zu erinnern. Hier fallen zuweilen die Schranken zwischen den Persönlichkeiten so sehr, daß die innere Haltung verlorengeht, und manchmal auch die äußere. Damit ist natürlich ein Letztes bezeichnet, aber es zeigt die Richtung, die dem Gemeinschaftstrieb solcher Naturen innewohnt. So Veranlagte werden in der Liturgie ebenfalls nicht ohne weiteres auf ihre Rechnung kommen. Ihnen wird die liturgische Gemeinschaft kühl und zurückhaltend erscheinen. Es geht daraus hervor, daß sich die Gemeinsamkeit der Liturgie, so voll und aufrichtig sie ist, doch von haltloser Selbstaufgabe weit entfernt hält. Der zur Gemeinschaft treibenden Richtung begegnet ein entgegengesetztes kräftiges Streben und wacht darüber, daß eine bestimmte Grenze eingehalten werde. Der Einzelne ist wohl Glied des Ganzen, aber nicht nur Glied; er geht im Ganzen nicht auf. Er ist ihm eingefügt, aber so, daß er durchaus bleibt, was er ist, eigenständige, in sich ruhende Persönlichkeit. Dies kommt besonders darin zum Ausdruck, daß die Vereinigung der Glieder untereinander nicht unmittelbar von Mensch zu Mensch geht. Sie vollzieht sich dadurch, daß alle auf das gleiche Ziel gerichtet sind und geistig in derselben Endstatt ruhen: in Gott, im gleichen Bekenntnis, Opfer und Sakrament. Ganz selten sind in der Liturgie die Fälle, in denen Rede und Gegenrede, irgendeine Gebärde oder Handlung unmittelbar von einem Glied der liturgischen Gemeinschaft an das andere gerichtet ist. Und wenn sie stattfinden, so ist es überaus lehrreich, zu beobachten, wie zurückhaltend sie sind. Strenge Vorschriften gelten für sie. Niemals ist der Einzelne in eine zu weit gehende unmittelbare Berührung mit dem

Andern hereingezogen. Stets ist es ihm überlassen, wie weit er geistig die Fühlung in dem sucht, was beiden gemeinsam ist, dem darüberstehenden Gott.

Das ist sehr wichtig. Es braucht gar nicht ausgemalt zu werden, was eintreten würde, wenn sich das liturgische Gemeinschaftsbewußtsein ohne weiteres vom einen Gläubigen zum andern auswirken wollte. Die Geschichte der Sekten ist dafür überreich an Beispielen. In der Liturgie sind deshalb strenge Schranken zwischen den Einzelnen aufgerichtet. Die Gemeinsamkeit ist durch ein stets waches Abstandsgefühl, eine wechselseitige Ehrfurcht gemäßigt. Trotz aller Gemeinschaft kann sich nirgends der Eine in das Innere des Andern eindrängen, auf dessen Beten und Handeln Einfluß gewinnen, ihm seine Eigenart, sein Fühlen und Empfinden aufnötigen. Die Gemeinschaft liegt in Gesinnung, Gedanken und Wort, in der Richtung der Augen und der Herzen auf das gleiche Ziel; besteht darin, daß alle dasselbe glauben, das nämliche Opfer darbringen und das gleiche göttliche Brot essen; darin, daß *ein* Gott und Herr sie alle zur geheimnisvollen Einheit verbindet. Untereinander aber, als besondere, leibhaftige Persönlichkeiten, greifen sie nicht in die wechselseitigen Innengebiete über.

Diese Haltung macht allein die liturgische Gemeinschaft auf die Dauer möglich. Sonst könnte sie nicht ertragen werden. Durch sie ist alles aus der Liturgie entfernt, was „gemein macht". Sie läßt in der Seele nie das Gefühl aufkommen, mit andern zusammengesperrt, in ihrer geistlichen Selbständigkeit und Innerlichkeit bedroht zu sein.

Romano Guardini, Nr. 1049

WO ZWEI ODER DREI . . .

Herr,
wir bitten dich,
sei mitten unter uns
an diesem Ort des Gebetes,
aber auch zu Hause
in unseren Dörfern.
Herr,
du hast gesagt:
Dort, wo zwei oder drei
in meinem Namen beisammen sind,
da bin ich mitten unter ihnen!
Wo zwei oder drei
dein Wort hören,
wo zwei oder drei
dir folgen,
wo zwei oder drei – oder auch viele –
deine Botschaft leben wollen,
da bist du gegenwärtig.
Herr,
wir vertrauen auf dich,
wir vertrauen auf dein Wort.
Höre unser Gebet,
sei bei uns,
bleibe bei uns!
Gib uns Mut
und Hoffnung
und Freude!

Aus Simbabwe, Nr. 1119

Ich habe dein Gesetz gelesen
und zitterte wie ein Blatt.
Schuldig bin ich, schuldig,
gerechter Gott.
Ich bin meiner Schuld gewiß.
Ein armseliger Mensch bin ich,
ich verbrenne in der Verdammnis meiner Schwächen.

Und dieses Gesetz
ist mein Grab.

Danke, Gott,
daß du den Demütigen siehst.
Mit verbrannten Fingern
und mit letzten Kräften schlage ich
eine neue Seite auf
und darf in Gnade lesen:
Aber den Demütigen gebe ich Gnade.
Herr Jesus Christus, göttliche Gnade
für mich Demütigen:
Für mich hast du das Gesetz erfüllt
und seine Flamme ausgelöscht.
Oh, wie ich dir danke,
du meine Tugend!
Es brennt nicht mehr,
sondern wie Balsam
heilt sie meine verbrannten Finger.

Ladislav Barot, Nr. 1224

Unsere Bitte um Vergebung

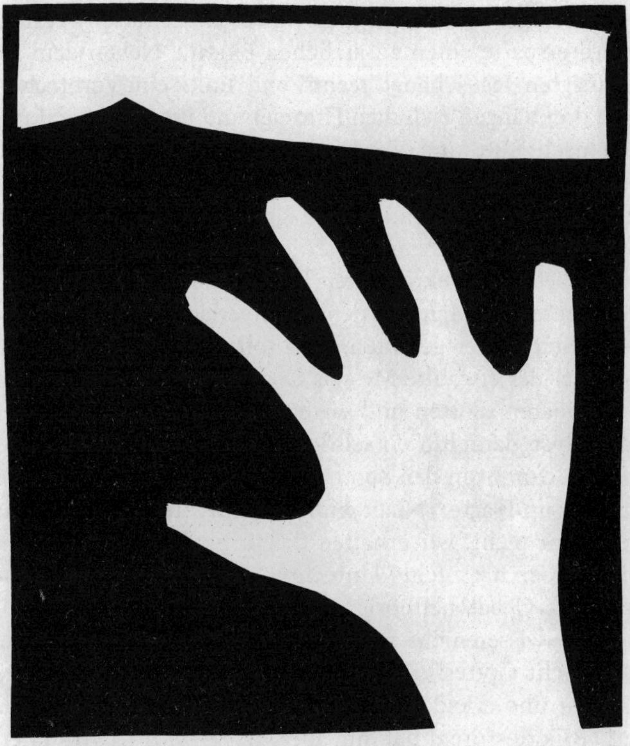

Umkehr in letzter Minute kann noch einen „gesottenen Sünder" in einen Beter verwandeln. Lukas berichtet davon. Während die Frauen beim sterbenden Meister ausharren, die Jünger die Flucht ergreifen, die Schaulustigen spotten und die Soldaten um Jesu Gewand würfeln, öffnet ein Dialog zwischen Sterbenden dem einen Verbrecher das Paradies.

Die Hinrichtung des Rabbi Jesus war dringlich, damit die Jerusalempilger ihm nicht mehr begegnen konnten. Die gleichzeitige Hinrichtung von zwei namenlosen Verbrechern ersparte einen zusätzlichen Einsatz. Neben dem gekreuzigten Jesus hängt rechts und links ein Verbrecher. Alle drei hängen zwischen Himmel und Erde. Alle drei ringen nach Luft und werden am Lungenwasser ersticken. Jesus ist dem Sterben am nächsten. Verhör und Folterung haben ihn völlig erschöpft. Die harten Burschen neben ihm haben mehr Widerstandskraft.

Auch die Mitgekreuzigten hören, wie die heraufgaffenden Leute den Mann in der Mitte verlachen und höhnen: „Anderen hat er geholfen, nun soll er sich selbst helfen, wenn er der erwählte Messias Gottes ist" (Lk 23,35). Auch die Soldaten spotten und sagten: „Wenn du der König der Juden bist, dann hilf dir selbst" (23,37). Der Verbrecher zur Linken stimmt in den Spott ein. Der andere aber weist ihn zurecht und sagte: „Nicht einmal du fürchtest Gott? ... Uns geschieht recht, wir erhalten den Lohn für unsere Taten; dieser aber hat nichts Unrechtes getan" (23,40–41). Hat ihn Jesu Gebet hellhörig gemacht: „Vater, vergib ihnen, denn sie wissen nicht, was sie tun" (23,34)? In seiner Sterbenot bricht Gottesfurcht in ihm durch. Er fürchtet Gottes Gericht und erleidet die Qual als Sühne für seine Schuld.

Die Gottesfurcht hat ihm auch die Sinne geschärft. Er erkennt in diesem Verhöhnten den König der Juden, Israels Retter. Nur er kann von ihm das Urteil im Gottesgericht abwenden. Nur er kann ihm die Schuld abnehmen. Nur er ihm den Frieden schenken zum Sterben. Dieser Jesus hat ihm das Herz umgekehrt. Mit diesem Sterbenden muß er jetzt sprechen: „Jesus, denk an mich, wenn du in dein Reich kommst" (23,42).

Hildegard Schürk-Frisch hat dieses Sterbegespräch erschütternd in Bronze gestaltet. Soweit es ihm möglich ist, hat sich der Mann hin zu Jesus gedreht. Der vorgestreckte Kopf, die flehenden Augen, der aufgerissene Mund werden zu einem einzigen Hilfeschrei. Wie ein Schiffbrüchiger umklammert er den ausgestreckten Arm Jesu. Jesu Hand versucht eine zarte behütende Gebärde über der angenagelten Rechten des Schächers. Der sterbende Jesus neigt sich liebevoll dem Flehenden zu und verspricht ihm: „Amen, ich sage dir: Heute noch wirst du mit mir im Paradies sein" (23,43). Aus einem Verbrecher ist ein Bekenner geworden; aus einem in Schuld verstrickten Todeskandidaten ein Beter.

Was in der Lebenshingabe Jesu die ganze Welt erfährt, ereignet sich bereits an seinem Sterbegefährten: Der sterbende Messias hat ihn erlöst.

„Es ist nie zu spät, wenn du glaubst", schreit uns dieser Mann zu. „Ich kann nicht mehr sühnen, aber ich habe mein vertanes Leben Gott anvertraut. Ich habe auf sein Erbarmen vertraut – und ER hat mich erlöst. ER hat mich vom Tod ins unsterbliche Leben hinübergerettet." Sein Bekenntnis, sein Vertrauen, seine Bitte haben ihn zum Beter gemacht. Eine Ewigkeit lang wird er jubeln: „Denn seine Huld währt ewig."

Ein Steinmetz des 12. Jahrhunderts hat in Pamplona sogar einen betenden Schächer gemeißelt. Er meditiert die Befreiung des Sterbenden. Mag er am Galgen hängen, mag er schreckliche Qualen erdulden. Das hat er verdient. Der Herr aber hat seine Schuld von ihm genommen. Der Herr hat aus dem Ungerechten einen Gerechten gemacht. Er ist im Frieden mit Gott. Er fürchtet sich nicht vor dem Sterben. Er fürchtet sich nicht vor dem Gottesgericht. Er kommt nicht ins Gericht, weil er dem Wort des Messias geglaubt hat.

Dieser Schächer hängt ohne Fesseln, ohne Nägel am Kreuz. Mit gefalteten Händen trägt er den Querbalken, der doch ihn tragen sollte. Ergeben und fromm neigt er ein wenig den Kopf. Was können ihm Menschen noch antun! Wie einfach wird alles, wenn das Herz selbst in der schrecklichsten Todesnot zu Gott flieht! Wenn er erwacht, wird er sich satt schauen an Gott.

Kyrilla Spiecker, Nr. 1555

Ich bitte dich, o mein treuer Erlöser, nimm wieder Besitz von mir! Deine Gnade allein kann es. Ich kann mich nicht selber retten. Ich kann nicht wiedergewinnen, was verloren ist. Ich kann mich nicht zu dir wenden. Deine Gunst wiedergewinnen und meine Seele retten ohne dich; wenn ich nur auf meine Kraft rechnen darf, so werde ich ganz zugrunde gehen und in der Vernachlässigung meiner Pflichten verhärten. Ich mache mich selbst, statt deiner, zu meinem Zentrum, bete selbstgemachte Idole statt deiner an, der du der einzige wahre Gott und mein Erlöser bist – wenn deine Gnade mich daran hindert. Erhöre mich darum, o Herr, ich habe lange genug gelebt in diesem wankenden, unentschiedenen und friedlosen Leben. Ich will jetzt dein treuer Diener sein. Ich will nicht mehr sündigen. Sei mir darum barmherzig und hilf mir mit deiner Gnade das werden, was ich nach meiner klaren Erkenntnis sein müßte.

John Henry Newman, Nr. 1587

Ach Herr, nun nimm mich ganz,
so elend, wie ich bin,
und gib in deinem Glanz
dem Dunkel deinen Sinn!

Ich habe viel gefragt,
die Antwort weißt nur du,
ich habe viel geklagt,
bei dir ist Trost und Ruh.

Ich war oft auf der Flucht,
du aber folgtest mir;
Herr, der du mich gesucht
am Kreuz, nimm mich zu dir!

Heinrich Vogel, Nr. 1587

Voll Zuversicht beten

Einem betenden Menschen darf man nicht ins Angesicht schauen. Das ist schlimmer, als wenn man seine Nacktheit belauert. Ein betender Mensch ist so schutzlos preisgegeben, wie ihn nur Gott selbst sehen darf. Übrigens – auch das Gebet eines Kindes erfordert dieselbe Zartheit und dieselbe Ehrfurcht. Es ist schamlos, ein Kind ein Gebet aufsagen zu lassen, um sich oder anderen Leuten zu zeigen, wie weit seine Intelligenz oder seine Liebenswürdigkeit gediehen ist. Die Scham, in die sich unser Gebet verhüllt, ist keine Zimperlichkeit, sondern echte Scham. Von Jesus wissen wir, daß er oft in die Einsamkeit ging, um Gott anzureden. Als er am Ölberg vor dem bitteren Kelch zitterte, mußte immer noch die Weite eines Steinwurfs zwischen ihm und den Jüngern sein, obgleich er deren Nähe brauchte. Über das Gebet zu sprechen ist also ein gefährliches Unternehmen.

Niemand muß für das Beten Propaganda machen. Niemand muß die Menschen auffordern, daß sie ihre Nöte Gott sagen. Sie tun es von selbst. Sie tun es fast alle. Auch diejenigen tun es, die behaupten, es habe keinen Sinn. Es fehlt nicht an Rechtfertigung und Erklärung für dieses sonderbare Verhalten. Wer sich schämt, daß er so unlogisch ist, kann sich etwa so aus der Verlegenheit helfen: „Wenn es schon nichts hilft, so schadet es doch nichts! Und vielleicht kommt sogar eine Beruhigung für die Nerven dabei heraus. Wir sind ja sowieso Künstler in dem Lebensstil des ‚als ob'. Wir vergnügen uns, als ob wir von keiner Bedrohung wüßten. Warum sollen wir nicht auch beten, als ob es einen Sinn hätte?" Ein anderer betet und betrachtet es als einen Versuch, als ein Experiment. Er möchte sachlich feststellen, was dabei passiert. Am wenigsten Gedanken und Überlegungen braucht der verzweifelte Mensch. Wenn ihm das Wasser bis zum Halse steht, dann schreit er seine Angst aus sich heraus, und es hindert ihn nicht die Frage, ob es jemand hört und wer es hört.

Wenn Sie unter diesen Möglichkeiten auch Ihre eigene Haltung entdecken, wenn Sie manchmal um Hilfe rufen und diesem Ruf zugleich zutiefst mißtrauen, dann mögen Sie sich über das Wort Christi ärgern, aber überhören sollten Sie es nicht: „Was ihr bitten werdet in meinem Namen, das will ich tun."

Offenbar hat Jesus gewußt, wie schwer wir ihm dieses Wort abnehmen werden. Er hat es nicht nur einmal, sondern oft und immer ohne Einschränkung gesagt. Deshalb ist es nicht erlaubt, an diesem Wort herumzudeuten, bis es vielleicht unsere Meinung, aber nicht mehr die Meinung Christi trifft. Es ist uns nicht erlaubt, den Inhalt oder auch nur den Klang zu verändern: „Was ihr bitten werdet in meinem Namen, das will ich tun." Offenbar liegt das Geheimnis dieses Versprechens in der Bedingung: Was ihr bitten werdet in meinem Namen. Das ist für uns schwer zu begreifen. Der Name Christi ist uns zu einer weitherzigen Formel geworden, die alles und nichts bedeuten kann.

In der Heiligen Schrift ist das anders. Wo Gott seinen Namen offenbart, da gibt er sein Antlitz preis. Deshalb darf man den Namen Gottes nicht mißbrauchen. Wo Petrus zum ersten Mal den Christusnamen ausspricht: „Du bist Christus, des lebendigen Gottes Sohn", da wird ihm eine Macht gegeben, die kaum weniger erschreckend ist als die Macht des Gebetes: „Ich will dir des Himmelreichs Schlüssel geben." Sie selbst sind an den Namen Gottes gebunden. Sie sind getauft im Namen des Vaters und des Sohnes und des Heiligen Geistes. In dieser Taufe, in der Gott und der Mensch beim Namen genannt werden, wird unser Leben an Gott gehängt, es wird gleichsam in einem Blutkreislauf mit ihm verbunden. Ich bin nichts mehr für mich allein. Ich bete nicht mehr in der Einsamkeit – in meinen Händen faltet Christus seine Hände. Ich denke auch nicht mehr für mich allein. Alle meine Gedanken, die fröhlichen und die traurigen, treffen Christus, der mein Bruder ist, und alle seine Gedanken treffen mein Leben, auch da, wo es mir nicht bewußt ist.

Damit Ihr Gebet getrost werde, kann ich Ihnen keine Technik, keine Kunstfertigkeit verraten, ich kann Sie nur erinnern, daß Sie getauft sind in demselben Namen, in dem Sie bitten sollen. Sie sind nie verlassen. Aber natürlich fühlen Sie sich oft oder manchmal verlassen. Dann dürfen Sie Gott daran erinnern, daß Sie nicht irgend jemand sind, sondern geborgen in seinem Namen, und daß also Ihr Gebet eine Verheißung hat. Er duldet es, daß Sie ihn erinnern, obgleich er es nicht braucht. Er weiß, daß Sie dabei sich selbst erinnern, und Sie brauchen es. Unser Leben ist hineingetauft in seinen Namen. Leben ist mehr als Gedanken. Deshalb sind wir auch dort nicht allein, wo wir im großen Elend unseres Leibes oder unserer Seele keinen vernünftigen Gedanken mehr fassen. Er ist zur Rechten Gottes und vertritt uns. Beten Sie in seinem Namen, solange Sie können. Wenn Sie es dann einmal nicht mehr können, wird er es für Sie tun, Christus, der Ihr Bruder ist.

Ob Sie diesen Behauptungen Ihre Trauer, Ihren Zorn oder Ihre Verachtung entgegensetzen? Niemandem ist die Versuchung unbekannt, daß er mitten im Gebet aufhören möchte, gelähmt, mutlos, weil der Weg zu weit ist, weil es ja doch nichts hilft. Was soll ich darauf sagen? Ich könnte sagen, daß es keine Statistik über die Wirksamkeit oder Unwirksamkeit des Gebetes gibt, daß über die angeblich unerhörten Gebete viel leichter und protziger zu reden ist als über die erhörten Gebete, die – anders als die Vorwürfe gegen Gott – unter dem Gebot der Keuschheit und Verhütung stehen. Das alles ist richtig, aber es hilft nicht viel. Ernsthaft sagen kann ich allein, daß Christus sein Wort nicht zurückgenommen hat.

Das urmenschliche Vergnügen, recht zu behalten gegen Gott, auch wenn es auf unsere Kosten geht, würden Sie zu teuer bezahlen, wenn Sie darüber die Bereitschaft verlieren, morgen zu erfahren, was Ihnen heute noch völlig unwahrscheinlich ist. „Was ihr bitten werdet in meinem Namen, das will ich tun." Ob man das einem zweifelnden oder leidenden Menschen als reelle Möglichkeit anbieten darf? In der Nähe Christi wandelt sich das Gebet, weil sich das Leben wandelt. In der Nähe Christi ist das Risiko, sich auf ihn zu verlassen, nicht mehr so groß, wie es aus der Ferne scheint. Wir haben ein Gebet, in dem der Atem Christi für alle Zeiten und für alle Menschen lebendig ist: das Vaterunser. Wenn Sie Ihr Gebet durch sein Gebet ordnen lassen, dann verstehen Sie auf eine überraschend einfache und praktische Weise: in seinem Namen zu bitten.

Adolf Sommerauer, Nr. 1593

Ich habe die Gewißheit, daß keine Macht
mich aus den Händen Christi reißt;
wenn seine Liebe mich gewonnen hat
am Kreuz, dort unter bitteren Qualen.

Ich habe die Gewißheit, daß der Herr mich gerettet hat,
denn für mich vergoß er teures Blut;
er offenbarte mir die heilige Freiheit,
so empfange ich willig seinen Ruf.

Ich habe die Gewißhcit,
daß Christus vom Himmel her
mich hier geleitet mit seinem Heiligen Geist;
er lenkt mein Herz, wie es nötig ist,
damit ich ihn mit meinem Leben preise.

Ich habe die Gewißheit,
daß ich den Erlöser sehen werde,
denn der Herr hat es den Getreuen versprochen:
wenn sich die Stürme dieser Welt gelegt haben,
werde ich euch an der Himmelstür willkommen heißen.

Aus dem Polnischen, Nr. 1224

THOMAS

Die Geschichte mit Thomas, dem Zweifler, geht behutsam vor. Er will sehen, will in die Seitenwunden greifen, und der Herr läßt das zu. Der, der später sagen wird: „Selig, die nicht sehen und doch glauben!", der läßt es zu, sich betasten zu lassen. Er führt den skeptischen Thomas liebevoll an der Hand. Der Herr hat Geduld, er versteht die Sehnsucht des Thomas ...

Die Ostererfahrung des zweifelnden Thomas führt uns einen eindeutigen Weg. Der lebendige Herr ist ja kein anderer als der, der zutiefst verwundet ist, der gekreuzigt und gestorben ist. Nicht ein Held, nicht ein Weisheitslehrer, nicht ein erfolgreicher Politiker will hier berührt werden, sondern der Gekreuzigte. Wer den Wunden der Kreuzigung ausweicht, wer kein Blut sehen kann, kann auch ihn nicht sehen. Zeichenhaft nimmt er den Becher: das ist mein Blut! Schaut hin, weicht meinen Wunden nicht aus, steht zu den Wunden des Lebens. Und wir?

... Wir dürfen den Wunden nicht ausweichen, müssen sie anschauen und berühren ...

Wir Christen bekennen den auferstandenen Herrn als den Retter dieser Welt. Ihn in seinen Wunden berühren, könnte heißen, seinen Geist, seine Kraft empfangen. So haucht er uns an und gibt uns seine eigene Liebesenergie, steckt uns an mit seinem Leben, befähigt uns, Wunden zu heilen. Dazu ist er gekommen, dazu sendet er uns. Seine Wunder sind nicht nur Erinnerung. Er lädt uns ein, in seinem Namen Wunder zu vollbringen.

Liebe Gemeinde, die Steigerung von Wunde heißt Wunder. Amen.

Michael Graff, Nr. 1331

WEG ZU GOTT

Entfernen des Hinderlichen,
das ist die Methode
für den Weg zu Gott:

Entfernen alles Lauten, Grellen, Unreinen,
Entfernen alles Weltlichen.

Wenn wir aber alles Weltliche
aus unserer Seele entfernt haben –
Was bleibt uns dann noch,
uns Weltlichen?

Schweigen. Dunkel.

Und in diesem Dunkel: Gott

Dionysius Areopagita, Nr. 1221

Erste Schritte zur Mitte

Jeder Mensch erlebt gelegentlich etwas Inneres, bei dem er das Gefühl hat: *Das war jetzt richtig;* das war für mein Inneres wesentlich, oder: In diesem Geschehen war ich *ganz darin.* Er bekommt die ersten, grundlegenden Erfahrungen mit sich selbst, seinem Wesen und seiner Tiefe, wie es seiner gegenwärtigen Reifestufe entspricht.

Diese inneren Erlebnisse prägen sich oft deutlich ein. Manchmal aber sind sie so zart, daß wir auf sie achtsam sein und ihnen nachspüren müssen. Wir müssen darum sorgfältig mit ihnen umgehen, werden sie zu erhalten suchen und werden achtgeben, wenn ähnliches wiederkommt.

In diesen Erfahrungen können Elemente sein wie: Stille, Ruhe, Bei-sich-Sein, in die eigene Wahrheit und Richtigkeit kommen, in Tiefe und Frische oder auch in das Erlebnis: *Das bin jetzt ich.* Diese Erfahrungen sind nicht von den Menschen „gemacht". Man kann sie nicht herstellen. Aber man kann auf sie lauschen und sie sich wünschen. Dann merkt man besser, wenn sie kommen. Dabei verhält man sich wie der Jäger, der schweigend auf dem Jägerstand sitzt und achtgibt und sonst nichts tut. Wenn er ganz ruhig ist und sich nicht bewegt, kann es sein, daß ein Wild aus dem Wald kommt und sich sehen läßt. So ähnlich geht es uns mit den tieferen inneren Erfahrungen ...

Es gibt Menschen, die schon lange auf dem Weg sind, aber *nicht recht weiterkommen.* Sie haben guten Willen und geben sich Mühe. Auch in ihrem Glaubensleben sind sie nicht nachlässig. Aber der Fortschritt, den sie sich wünschen, tritt nicht ein. Sie treten gleichsam immer auf der gleichen Stelle. Trotzdem sind sie nicht durch äußere Schwierigkeiten gehindert. Das *Hindernis* liegt *in ihnen selbst.* Sie geben sich Mühe, strengen sich immer wieder an, aber gerade dieses Anstrengen hindert sie. *Sie sind verkrampft,* menschlich und religiös.

Krampf ist immer eine Anstrengung an der falschen Stelle. Dadurch wird das feine und strömende Leben gehindert. Es ist ein Zustand, der dem Gedrängel ähnelt, das entsteht, wenn sich viele Menschen gleichzeitig bemühen, schnell aus einem Saal zu kommen. Je mehr sie drücken, um so weniger geht es weiter. Könnten sie sich lösen und sich gar richtig ordnen, so könnten sie leicht und ungehindert den Saal verlassen. So aber pressen sie sich ungeduldig, vielleicht sogar ängstlich auf die Tür zu, bis alles steht und kaum mehr einer durch die Tür hindurchkommt.

Nichts ist dem freien und fließenden Verlauf der Meditation so entgegengesetzt, wie ein krampfhaftes Sichbemühen. Das kommt kurzschlüssig aus den oberen Seelenkräften, wo das absichtliche und zielgerichtete Wollen und das rationale Erkennen zu Hause sind; nicht aber aus den Tiefen der Seele, aus denen die Ahnungen kommen, die Intuitionen, die aus tiefer Sehnsucht aufsteigenden Wünsche, die sich wie von selber einstellen und wie Blüten aus einem Zweig hervorgehen.

Darum ist die Gelöstheit für alles Meditieren wesentlich, die Gelassenheit, die Unangestrengtheit. Man muß offen sein für das, was sich innerlich einstellt, was kommen will. Alle Verkrampftheit blockiert den Weg ...

Was wir aber brauchen, ist ein eindeutiger und bewährter Weg, dem wir uns anvertrauen können; der uns über lange Zeit helfen kann und uns sicher zum Ziel führt. Einen solchen Weg gibt es. Es ist eine Versenkungsübung, in der wir alles, was möglich ist, in unsern Dienst stellen: Ort und Tageszeit der Übung, Leibeshaltung und Atem, innere Versenkung und begleitende Worte, die wir wiederholen. Sie ist eine Übung, die uns senkrecht auf unsere Mitte zukommen läßt. Wir nennen sie: *Grundübung.* Sie macht uns die Bahn frei zu unserm Ziel. Wir wollen sie kennenlernen.

Wir suchen für sie zunächst die *rechten Voraussetzungen* und lernen sie benützen. Es sind diese:

Der rechte Ort, wo man ungestört ist, zur Ruhe kommen

kann und innerlich frei wird. Es kann eine Stelle in der eigenen Wohnung sein, in einer Kirche oder eine einsame Stelle in einer Landschaft; dann:

die rechte Zeit, in der alles andere zurücktritt und die innere Entspanntheit und Stille sich einstellen kann. Bei vielen ist dies die Zeit am Morgen nach dem Aufstehen, bei anderen das Ende der Mittagspause, wieder andere kommen abends nach der Berufsarbeit oder vor dem Schlafengehen am besten zur Ruhe.

Ein Drittes ist: *die beste Leibeshaltung.* Es ist gut, die günstigste Haltung des Leibes für den Weg in dic Tiefe herauszufinden. Knien, Sitzen, Liegen sind möglich, als Vorübung auch das ruhige Gehen. Am besten aber wird das gesammelte Sitzen sein auf einem niedrigen Sitz, aufrecht und gerade. Die Füße sind angezogen, also in die Einheit des Leibes hineingenommen, die Hände sind wie zwei Schalen vor dem Unterleib ineinander gelegt, die Innenseiten sind nach oben offen, die Daumenkuppen berühren sich.

Schließlich: *das rechte Atmen.* Bei der inneren Versenkung wird das Atmen gelassen und ruhig, ohne jede Hast. Wir lassen es einfach geschehen, wie es sich einstellt. Wir atmen weniger oben in der Brust – das drückt absichtliches Handeln, Aufregung oder innere Verspanntheit aus – als weit unten – das drückt innere Ruhe, Entspanntheit, Gelassenheit und Bei-sich-Sein aus. Was das Atmen ausdrückt, das wirkt es auch in uns hinein.

Bei der Übung selbst verbinden wir nun das Atmen mit Worten, die uns zur inneren Versenkung helfen. Wer sie gebraucht, kommt dadurch tiefer zur Sammlung, zum Bei-sich-Sein, zum ruhigen, erquickenden Verweilen. Solche Worte können zunächst sein: „Ruhe", „ganz ruhig", „immer tiefer" oder „ganz bei mir", „ganz in mir".

Weit besser aber werden uns beim weiteren Üben *vier Worte* helfen, die den Vorgang der inneren Versenkung mit dem Rhythmus des Atmens verbinden. Was bedeutet das?

Jeder Atemzug hat vier Takte. Die beiden ersten Takte bildet das Ausatmen. Der dritte Takt ist die Atempause. Der vierte Takt entsteht durch das Einatmen. Wird nun dieser leibliche Vorgang mit entsprechenden Worten verbunden, so machen sie den Atem zum *Begleiter* und *Diener* der Versenkung.

Beim ersten Takt sagen wir: *„Loslassen"*; das bedeutet: Alles Absichtliche, alles Gewollte, alles, was man machen kann, wird aufgegeben. Es geschieht ein Schritt vom Zufälligen und Augenblicklichen zum Eigentlichen und Wesentlichen. Das schenkt ein inneres Freiwerden.

Daran schließt sich der zweite Takt, bei dem wir sagen: *„Niederlassen"*. Das bedeutet: Hinabsinken im eigenen Inneren; in die eigene Tiefe Kommen. Ein langsames Sinken beginnt wie bei einem langsam fahrenden Fahrstuhl. Das ist ein *Kernvorgang* des Wegs zur Mitte und Tiefe.

Beim dritten Atemtakt sagen wir: *„Einswerden"*. Mit was? Mit der eigenen Tiefe, mit dem wahren Selbst, mit dem Seelengrund, mit jenem Bereich, in dem unser wahres und eigentliches Ich sitzt, das zum Bereich der Mitte gehört.

Beim vierten Atemtakt tun wir nichts. Wir lassen nur den Atem kommen, der sich ja von selbst einstellt. Das begleitende Wort ist dabei: *„Kommen lassen"*.

Im ständigen Wiederholen wachsen nun der Atem und sein Rhythmus, die begleitenden Worte und die innere seelische Versenkung zu einer ganz-menschlichen Einheit zusammen. Immer tiefer, immer durchdringender wird dieser Kernvorgang, der im Lauf der Übung und in ihrer immer neuen Wiederholung allmählich eine tief verwandelnde und befreiende Wirkung ausübt. Der Mensch übt sich in ein immer tieferes, richtigeres Sein ein und bereitet sich für Gottes Wirken, das sich in der Glaubensmeditation mehr und mehr durchsetzt.

Viele Schwierigkeiten auf unserm Meditationswege und bei der Bemühung, in die Tiefe zu kommen, werden durch diese Übung überwunden. Leibliches Geschehen und Sichverhalten, dazu das Wiederholen der Worte, die den Vorgang deuten, schenken Ruhe, Gegenwärtigkeit, Sammlung, Innerlichkeit und Bei-sich-Sein und lassen die reichen Möglichkeiten unserer Tiefe zum Leben kommen. Wir gelangen allmählich beim Üben in das „Versenkungsbewußtsein", in jene innere Region, in der die eigentliche Meditation geschieht. So wird diese Übung der tägliche Zugang zu dem, was wir suchen, zu unserer Mitte und Tiefe. Sie macht uns wahrhaft die Bahn frei, damit wir zu unserm Ziel gelangen.

Niederschrift nach einer inneren Versenkung:
Ich sitze und werde ruhig. Der Atem geht frei und ungestört. Ich bin ganz gegenwärtig. Das Zimmer, in dem ich bin, ist geräuschlos still, der Boden, die Möbel, die Wände, die Bilder. Ich höre die Stille.

Alle Gedanken habe ich losgelassen. Ich sinke in meine Tiefe. Eine wunderbare Ruhe umgibt mich, dringt in mich ein, läßt mich ganz zu mir kommen.

Mit jedem Atemzug lasse ich mich mehr los und sinke tiefer, sinke in meinen Grund. Dort ruhe ich.

Nun darf ich ganz ich selbst sein. Ich bin in meiner Tiefe. Ich ruhe in mir. Das erquickt mich. Das verwandelt mich. Immer mehr komme ich zu meiner Ursprünglichkeit, zu meinem Eigentlichen. Ich werde der, der ich im Tiefsten bin.

Die Niederschrift läßt einiges deutlich werden vom inneren Geschehen bei der Grundübung und von ihrer Wirkung. Unabsehbar ist für den Anfangenden, was sich aus ihr im Lauf der Zeit als Wirkung einstellt. Sie bedeutet einen tiefen Befreiungsvorgang. Im Loslassen, im Hinabsinken werden wir mehr und mehr frei von unseren Fehlprägungen und vom Unwesentlichen und kommen in die Tiefe unseres Eigentlichen und in unsere Echtheit.

Klemens Tilmann, Nr. 906

GOTT WIRD NUR IM SCHWEIGEN GESCHAUT

Je näher wir Gott sind,
um so karger werden unsere Worte.

Wo wir viele Worte machen,
statt anzubeten,
statt zu verehren,
statt voll Ehrfurcht auf die Knie zu sinken:
Da sind wir von Gott noch weit.

Je näher wir Gott sind,
um so stiller wird es.
Und beginnt das Schweigen,
dann hört auch das Fragen auf:
Dann sind wir bei Gott.

Dionysius Areopagita, Nr. 1221

Geist des auferstandenen Christus, du kennst die Absicht unseres Herzens, du durchdringst unsere Tiefen, du senkst in sie deinen Blick, du erkennst dort eine Erwartung.

Anstatt uns auf einem inneren Rückzug festzufahren und die aus deiner Hand empfangenen Gaben zu vergraben, möchten wir uns jeden Tag darauf einstellen, den Glauben, das Vertrauen in deine geheimnisvolle Gegenwart, anzunehmen.

Lebendiger Gott, gib, daß wir auf dich hören. Du sprichst zu uns mit unendlicher Verhaltenheit. Oft läßt sich deine Stimme wie in einem Hauch von Stille vernehmen.

Frère Roger, Nr. 1194

Erleuchtet in Christus

„In Christus" zu sein, ist eine christliche Grundhaltung. Allein in den Briefen des heiligen Paulus kommt diese Wendung 168mal vor, und Johannes gebraucht sie unablässig, ohne sich immer ausdrücklich dieses Wortlautes zu bedienen.

Der Christ kann in dem, was man *das Rad der Verwandlung* nennt, ohne Schwierigkeit die tiefe Verwirklichung seiner Taufe sehen: Er ist in Christus eingetaucht, wird eins mit ihm und wird ein neues Geschöpf.

Während der Meditation kann man diese Gegenwart Christi in uns spüren wie eine strahlende Glut im Grunde unseres Wesens (Ex 3,2; Lk 12,49). Der Strom des Ausatmens taucht uns langsam in sie ein. Zwischen dem Ausatmen und dem Einatmen, während dieses besonderen Augenblicks, der uns in einzigartiger Weise zur äußersten Öffnung unseres Wesens befähigt, übergeben wir uns ganz Ihm. Während des Einatmens empfangen wir uns von Ihm. Wir werden aus Ihm neu geboren, werden immer mehr eins mit seinem Bild (2 Kor 3,18), und wir kosten die Freude, mit der Er uns erfüllt (Phil 3,1). Es geht nicht darum, an all das zu *denken* oder es *machen* zu wollen. Das ist eine ständige Versuchung. Sondern es geht darum, es geschehen zu lassen, diese Realität zu erfahren, sich sozusagen mit ihr zu vermählen. Sie ist unsere tiefste Wirklichkeit, so daß wir in ihr „verwurzelt und gegründet" sind und durchdrängt von ihrer „ganzen Fülle" (Eph 3,17–19).

Jegliche Meditation kommt letztlich bei Christus an und geht durch Ihn zum Vater im Lebensstrom des Geistes. Jede eigentliche Meditation und ganz allgemein jede spirituelle Erfahrung ist notwendigerweise eine Begegnung mit Christus, sofern sie nicht entfremdet wird durch eine Suche nach *Mächten* oder nach der negativen Transzendenz. Denn Christus allein ist das „Alpha und das Omega", „die Fülle der Gnade und der Wahrheit", selbst wenn man Ihn noch nicht erkennen und anrufen kann und ihn noch mit den Namen seiner Vorläufer benennt: Licht, Wärme, Liebe, Buddha, Krishna, ... oder das Angesicht des Unbekannten Gottes, das jeder auf die eine oder andere Weise stammelnd sucht.

Nicht nur der Mensch, sondern das ganze Universum ist einzig und allein auf dieses Mysterium hin geschaffen. Wie der heilige Paulus sagt: „Alles ist durch Ihn und auf Ihn hin geschaffen. Er ist vor aller Schöpfung, in ihm hat alles Bestand" (Kol 1, 16). Meditieren heißt dann, daß ich mir dessen ganz bewußt werde: Ich habe meinen Bestand in Ihm. Alles, was mich beseelt, dieses große Leben, das in mir entspringt, geht in jedem Augenblick aus seiner schöpferischen Kraft hervor. Mein Sein und Wesen nimmt teil an seinem schöpferischen Sein. Ich bin nur durch Ihn und weil Er mich im Dasein erhält durch seine Schöpferkraft. „Nichts ist ohne ihn geworden ... In ihm war das Leben und das Leben war das Licht der Menschen" – (Joh 1, 3–4).

Alles wurde „nach seinem Bild" (Gen 1, 26) geschaffen, „damit Christus in uns Gestalt annimmt" (Gal 4, 19). Die Meditation wird so zu unserem Ja, daß wir Schöpfung werden nach dem Herzen Gottes, und unsere Mitarbeit besteht darin, daß wir uns gewissermaßen *in-formieren* lassen durch Christus, daß Christus in uns *ein-gebildet* wird, wie schon Origenes (2./3. Jh.) sagte: Daß in uns das Bild Christi Gestalt gewinnt, indem wir durch Ihn in Ihn verwandelt werden. Das heißt, Christus werden (Augustinus), mein ganzes Wesen von Seinem Leben erfüllen lassen, mein Denken, mein Fühlen und Wünschen, meinen Atem und meinen Leib, bis ich nur noch eins mit Ihm bin (Joh 15, 1 ff). Dieses Eins-Sein mit Christus, mit Ihm auf innigste Weise ein Leib zu sein, wie die Väter sagen, das ist das Fundament und die Herzmitte des christlichen Glaubens, der Inhalt der Taufe und der Eucharistie. Durch die Taufe wird der Christ nach der wörtlichen Bedeutung des Wortes in Christus *eingetaucht* (Röm 6, 1–11), durch die Eucharistie werden wir

Ihm *gleichgestaltet,* sagt Gregor Palamas. Man kann gerade von einer „Bluttransfusion" sprechen (Joh 6,53–57). Es geht um eine wirkliche, seinsmäßige Verwurzelung in Ihm, nicht um eine bloß spirituelle Vereinigung, sondern um eine Identifikation, eine Verschmelzung, jedoch ohne Vermischung. Christus ist das Ich in der Tiefe des Menschen. Er gründet, trägt und ordnet den Menschen wie der Weinstock die Rebe (Joh 15,1) oder das Haupt die Glieder des Leibes (Kol 2,19). In diesem Sinne ist das Wort des heiligen Paulus zu verstehen, das alle unsere Lebensvollzüge betrifft: „Nicht mehr ich lebe, Christus lebt in mir" – (Gal 2,20).

Von dieser Überzeugung durchdrungen betraten die ersten Christen singend die Arena des Martyriums; denn weder Leiden noch Tod konnte ihnen dieses Leben rauben, das sie mit unerhörter Freude erfüllt. Ignatius von Antiochien schreibt, bevor er im Jahre 107 gefoltert und den wilden Tieren vorgeworfen wurde: „Nichts und niemand, kein sichtbares oder unsichtbares Wesen kann verhindern, daß ich zu Christus gelange, ihn erreiche, gewinne, ihm begegne und ihn in Freuden genieße."

Diese Gegenwart Christi kann in der völligen Stille und in unmittelbarer Bewußtwerdung erlebt werden. Aber für manche wird die Konzentration besser unterstützt und genährt, wenn sie von einem Symbol begleitet wird: zum Beispiel kann man das Untertauchen bei der eigenen Taufe nachvollziehen: Beim Ausatmen sterbe ich mit meinem alten Menschen; zwischen Ausatmen und Einatmen bin ich in Christus eingetaucht und eins mit Ihm; beim Einatmen werde ich aus Ihm neu geboren, ich lasse mich durchdringen von seinem Leben, seiner Gestalt und seiner Gegenwart: „Ich bin Christus", sagt der heilige Augustinus. „Erfahrt ihr nicht an euch selbst, daß Christus Jesus in euch ist?" – (2 Kor 13,5).

Oder: Das Kreuz erleben. Beim Einatmen die Senkrechte errichten von der Mitte aus, entweder vom Becken oder von der Brust, vom Herzen aus, indem man sich gleichzeitig in den Himmel erhebt und in die Erde einsenkt; beim Ausatmen die Senkrechte wieder zur Mitte zurückkehren lassen. Dann die Horizontale: Beim erneuten Einatmen geht sie von der Mitte aus nach links und rechts bis zum Horizont, beim Ausatmen kommt sie zurück in die Mitte. Beim nächsten Einatmen wieder in die Senkrechte gehen usw. Allmählich werde ich das Kreuz, es bildet sich mir in der Tiefe meines Selbst ein, wobei das Ausatmen immer mein Ja zum Sterben ist und das Einatmen mein neues Leben in der Auferstehung mit Ihm. Der Eindruck eines äußeren Mechanismus weicht nach einiger Übung schnell einer geheimnisvollen Erfahrung: „Christus will ich erkennen und die Macht seiner Auferstehung und die Gemeinschaft mit seinen Leiden; sein Tod soll mich prägen. So hoffe ich, auch zur Auferstehung von den Toten zu gelangen" – (Phil 3,10–11).

Als ein weiteres Zeichen kann man auch die Sonne nehmen. Man setzt sie in die Mitte, ins Becken oder ins Herz: Beim Einatmen gehen die Strahlen vom Zentrum aus bis an die Grenzen des Universums, an dem ich Anteil habe; beim Ausatmen kommen die Strahlen zurück zur Mitte. Sterben und Auferstehen, dieser große Rhythmus des göttlichen Atemstromes belebt alles, den kleinsten Kieselstein, die Vögel, die Blumen, den Menschen, jedes Geschöpf, den ganzen Kosmos. Ich trete in dieses Leben ein, das Christus, das „Licht der Welt", „die Sonne der Gerechtigkeit", im Herzen des Universums pulsieren läßt. „Das aufstrahlende Licht aus der Höhe wird uns besuchen durch die barmherzige Liebe unseres Gottes, um allen zu leuchten, die in Finsternis sitzen und im Schatten des Todes, und unsere Schritte lenken auf den Weg des Friedens" – (Lk 1,78–79).

Man kann natürlich auch einen Text aus dem Evangelium nehmen. Man liest ihn, bevor man die Grundhaltung einnimmt. Wenn man ganz still geworden und in der Mitte gesammelt ist, schmeckt und kostet man einfach den Text, den einen oder anderen Satz, sich von ihm durchdringen lassen aufs Einatmen, sich ihm hingeben aufs Ausatmen, ohne über den Text nachzudenken.

Wenn es eine biblische Szene ist oder ein bestimmtes Verhalten Christi, dann genügt es, einfach nur zu schauen. Es ist ein empfangendes und betrachtendes Schauen, ein Erspüren und Aufnehmen, kein Bedenken, Zerlegen und Begreifen. Ich lasse mich vielmehr ergreifen von dem, was ich sehe, was ich tief in mir erspüre. Ich lasse mich erfassen, mein ganzes Wesen schwingt mit. Ich schaue mit einem Blick, der die Verbindung, die Vereinigung sucht: Ich werde zu dem, was ich betrachte. Ich betrachte also Christus nicht von außen, indem ich ihn als Gegenstand mir gegenüberstelle, sondern ich trete ein in seine inneren Haltungen, ich erlebe in mir die geistliche Erfahrung des Menschen Jesus nach, seine Beziehung zum Vater und zu den Menschen. Ich verweile darin so lange als möglich. So kann diese Betrachtung zu einer einzigartigen Begegnung werden: „Wer in mir bleibt und ich in ihm, der bringt reiche Frucht" – (Joh 15,5). „Kommt und seht!" – (Joh 1,39).

Für die Kirchenväter ist alle Frucht der Schriftbetrachtung von dieser Dynamik abhängig. Maximus Confessor sagt, wir begegnen Christus in der Bibel nur insofern, als wir selbst Christus werden. Christus ist der Schlüssel zur Bibel, oder besser: Er ist das Wort und sein Inhalt. Und indem mir dieses Wort in dem Buch begegnet, indem ich es lese, höre oder meditiere, erleuchtet mich der Heilige Geist, damit diese Begegnung zu einer Erfahrung der lebendigen Person des Wortes wird. Man hat diese bedeutende Überzeugung der Alten vergessen: Der geringste Text der Heiligen Schrift, der mir vor die Augen oder zu Ohren kommt, setzt den Heiligen Geist in mir in Bewegung! Er läßt mein Innerstes Wesen aufspringen vor Freude über diese Begegnung; denn die wunderbaren Verheißungen aller Zeiten gehen durch Gott den Herrn in Erfüllung. So ist jede Schriftlesung immer trinitarisch, und man versteht sie auf diese Weise nur im Schoß der Maria-Kirche, dem Thron der dreimal heiligen Weisheit. Darin zeigt sich eine ganz wichtige Bedeutung des Besuches der Maria bei Elisabeth (Lk 1, 39–56)!

Es gibt auch noch den Weg, den uns die Ikone weist. Sie ist das verwandelte Bild, das offene Fenster zum Unsichtbaren, Wort für das Leben, Wort des Lebens. Es genügt, sich in der Grundhaltung vor die Ikone zu setzen: Im entspannten Sitz sehen, was da ist, ohne jeden Kommentar, ohne Deutung und ohne Urteil, einfach sehen in der reinen Aufmerksamkeit, bis die Linien, die Bewegung, die Schwingung der Farben mich ergreifen und mich für das Geheimnis öffnen, dessen Tempel die Ikone ist. Dann kann ich die Augen senken; denn die Ikone, die ich betrachtet habe, ist in meiner eigenen Tiefe, sie ist mein wahres Menschengesicht, mein Gesicht der Ewigkeit. Ihr Zentrum ist in mir selbst, und wenn sie mit ihrem Feuer meine äußeren Masken auch nur ein wenig versengt hat, dann ist jede Distanz aufgehoben. Die Ikone meint mich, nennt mich beim Namen: Nicht auf diesem Stück Holz, sondern in der Tiefe meines Herzens: Sie ist „der Abglanz seiner Herrlichkeit und das Abbild seines Wesens“ – (Hebr 1, 3).

Alphonse und Rachel Goettmann, Nr. 1618

MITBRUDER MENSCH

Ich glaube an dich,
Mitbruder Mensch,
Christus, Sohn des Allmächtigen,
Sieger über Hölle und Tod.
Du hast mit deinem Opfer
den neuen Menschen geschaffen,
hast uns befreit aus Not und Elend.
Ich glaube an dich,
Mitbruder Mensch,
Christus, Sohn Gottes,
denn in jedem Armen lebst du fort;
in den Unterdrückten
spiegelt sich dein Antlitz.
Du erhebst sie alle zu neuem Leben.
Ich glaube an dich,
Mitbruder Mensch,
Christus, Sohn des ewigen Vaters.
Du lebst mitten unter uns,
in unseren Hütten,
in unseren Fabriken,
in unseren Schulen,
auf unseren Feldern.
Wo zwei oder drei versammelt sind –
in deinem Namen,
da bist du mitten unter ihnen.
Ich glaube an dich,
Mitbruder Mensch,
Christus, der du von den Toten erstanden bist.
Du, Hoffnung und Inhalt jedes Menschen …

Nach einem Text aus Nicaragua, Nr. 1519

Das Licht Christi verklärt selbst die Schatten in uns. Und doch sind sie da, die Schatten; manchmal kommen wir mit ihnen nicht zurecht. Da geschieht es, daß langsam das Leben Christi in uns zu wirken beginnt und so all das, was dunkel war und trübe, undurchsichtig und beunruhigend, schließlich ruhig und klar und von Gott aufgenommen wird. Nichts ist verloren auf dieser Erde, weil Gott stark genug ist, um uns alles wiederzugeben, verwandelt, neu belebt, verklärt durch ihn. Dazu müssen wir freilich gewillt sein, uns zum Licht hinzuwenden.

So wie das Licht Christi in der Dunkelheit unseres eigenen Herzens wirkt, so wirkt es auch hinein in die Finsternis der Welt. So nimmt Gott eine ungläubige Menschheit auf: Ein Christ, mitten unter den Menschen lebend, die nicht glauben können, ist Christusträger; ganz behutsam und unaufdringlich teilt er Gottes eigene Gegenwart mit.

Die Apostel schauen den verklärten Christus und möchten gerne in jenem blendenden Licht verbleiben; denn sie wissen gut, was dieser gewaltige Augenblick in ihrem Leben bedeutet. Aber sie müssen wieder vom Berg herabsteigen und von nun an das Licht Christi in der werdenden Kirche, in ihnen selbst, in der Welt, mitten unter den Menschen leuchten sehen.

Das gilt für jeden Christen: Wieder herabsteigen und Gott ausstrahlen ohne lärmende Worte; jenes Licht Christi in uns wird dann den Ursprung unserer sichtbaren Einheit ahnen lassen. Durch sie wird auch, wer nicht glauben kann – ohne zu wissen wie – hingeführt zur Hoffnung auf Gott.

Frère Roger, Nr. 1365

Vater unser, der Du bist im Himmel meines Herzens, wenn es auch eine Hölle zu sein scheint;
geheiligt werde Dein Name, er werde angerufen in der tödlichen Stille meines ratlosen Verstummens;
zu uns komme Dein Reich, wenn alles uns verläßt;
Dein Wille geschehe, auch wenn er uns tötet, weil er das Leben ist und, was auf Erden wie ein Untergang aussieht, im Himmel der Aufgang Deines Lebens ist;
gib uns heute unser tägliches Brot, laß uns auch darum bitten, damit wir uns nie mit Dir verwechseln, selbst nicht in der Stunde, da Du uns nahe bist, sondern wenigstens an unserem Hunger merken, daß wir arme und unwichtige Geschöpfe sind;
befreie uns von unserer Schuld und behüte uns in der Versuchung von der Schuld und Anfechtung, die eigentlich nur eine ist: nicht zu glauben an Dich und an die Unbegreiflichkeit Deiner Liebe;
sondern erlöse uns – erlöse uns von uns selbst, erlöse uns in Dich hinein, erlöse uns in Deine Freiheit und in Dein Leben.

Karl Rahner, Nr. 1332

So hat Jesus selbst gebetet

Das Gebet Jesu war ohne Zweifel tief in der Frömmigkeit seines Volkes verwurzelt. Die Evangelien berichten, daß er in seinem Gebetsleben sich der Psalmen bedient hat. Nach dem letzten Abendmahl singt er mit den Jüngern das Hallel, den Lobgesang, der die Psalmen 113–118 umfaßte (Mk 14,26). Als er am Kreuze hing, hat er die Anfangsworte von Ps 22 laut gesprochen (Mk 15,34; Mt 27,46), und wir dürfen annehmen, daß er den ganzen Psalm wenigstens innerlich gebetet hat. Zwar verstanden die Juden diesen Psalm nicht vom Messias her; uns Christen erscheint er aber wie eine Zusammenfassung des Leidens und der Verherrlichung Jesu; am Schluß mündet er in ein Dankgebet des Dulders für Jahwes Rettung aus aller Not (V. 23–32). Es ist daher kaum richtig, wenn man aus Mk 15,37 gefolgert hat, Jesus sei mit einem Schrei der Verzweiflung aus dem Leben geschieden. Auch am Kreuz gründet Jesu Gebet im Vertrauen auf Gott. Sicher hat Jesus während seines ganzen irdischen Lebens immer wieder in den Psalmen seine innere Haltung dem Vater gegenüber ausgesprochen, da ihm wie allen frommen Israeliten diese Lieder geläufig waren und er in ihnen Texte fand, die seine seelischen Stimmungen trefflich zum Ausdruck brachten.

Daß Jesus ein großer Beter war, berichten die Evangelien oft. An 15 Stellen ist vom Beten Jesu die Rede, allein bei Lukas elfmal. Er zieht sich oft an einen einsamen Ort zurück, um zu beten, ja er verbringt ganze Nächte im Gebet zu Gott (Lk 5,16; 6,12). Nur Lukas berichtet (3,21), Jesus habe nach seiner Taufe gebetet, und während dieses Gebetes sei der Heilige Geist auf ihn herabgekommen. Im Gebet empfängt er also nach der Wassertaufe die Geisttaufe.

Vor Beginn seines messianischen Wirkens sucht er die Wüste auf, um sich durch Gebet und Fasten darauf zu rüsten. Ausdrücklich wird zwar während dieser 40 Tage das Gebet nicht genannt, aber als selbstverständlich vorausgesetzt. So hatten schon im Alten Bund Mose und Elija in der Einsamkeit des Horeb ihre Gottesbegegnung gehabt.

Wiederum ist es nur Lukas, der vom Beten Jesu auf dem Berg der Verklärung berichtet (9,28 f); er will ihn so in seiner innigen Einheit mit Gott zeigen, und dieser bestätigt sie durch die Worte: „Dieser ist mein auserwählter Sohn, ihn sollt ihr hören" (V. 35).

Nach Lukas hat Jesus auch das Bittgebet für andere gekannt und geübt. Beim letzten Mahl sagt er zu Petrus: „Simon, Simon, siehe, Satan hat verlangt, euch im Sieb zu schütteln wie den Weizen. Ich aber habe gebetet für dich, daß dein Glaube nicht wanke" (Lk 22,31 f). Die Jünger können sich also in den Gefahren und Versuchungen ihrer künftigen Missionsarbeit auf das Gebet und den Beistand ihres Meisters stützen.

Mehrmals sprechen die Evangelisten von einem Gebetsgestus Jesu, der bei den Zeitgenossen nicht üblich war. Er richtet beim Beten die Augen zum Himmel empor; so, als er bei der Brotvermehrung den Segen über die fünf Brote und zwei Fische sprach (Mt 14,19; Mk 6,41; Lk 9,16), bei der Heilung eines Taubstummen (Mk 7,34) oder zu Beginn des großen Gebets nach dem letzten Mahl (Joh 17,1). Mit dieser Geste wollte Jesus offenbar sein ganz persönliches Verhältnis zu Gott ausdrücken.

Die Evangelisten teilen auch Gebete Jesu im Wortlaut mit. Wir wissen freilich heute, daß sie sich bei deren Wiedergabe manche Freiheiten erlaubten, ja ihm auch Gebetsworte in den Mund legten, die er kaum so gesagt haben kann, weil sie eine nachösterliche Situation voraussetzen. Aber es gibt zweifellos echte Gebete des Herrn. Dazu gehört vor allem seine Gebetsanrede „Abba" (Vater). Schon daß sie Markus im aramäischen Wortlaut mitteilt (14,36), weist auf ihre Ursprünglichkeit hin. Gewiß war auch den damaligen Juden der Gedanke der Vaterschaft Gottes nicht fremd. Im sogenannten Achtzehngebet (Gebet mit 18 Gliedern; es erhielt seine feste Form erst um 100 n. Chr., seine ältesten Teile gehen aber in die vorchristliche Zeit zurück) kommt mehrmals die Anrufung „Abinu" vor, d.h. „unser Vater". „Abba" ist jedoch ein Lallwort aus der Kindersprache, das zwar bald in den allgemeinen Gebrauch überging, aber seines familiären Charakters wegen kaum geeignet war, als Anrede an Jahwe zu dienen. Als solche hat es aber Jesus tatsächlich gebraucht; es war ihm ein Ausdruck kindlichen Vertrauens und uneingeschränkter Hingabe. Es enthüllt das Herzstück seines Verhältnisses zu Gott (J. Jeremias).

Ein echtes Gebetswort Jesu ist sodann der sogenannte Jubelruf (Mt 11,25f; Lk 10,21). In diesem Gebet preist Jesus den Schöpfergott dafür, daß er den „Einfältigen", d. h. den Armen und Geringen, in jüdischer Schulweisheit Nichtbewanderten, aus freier Gnade geoffenbart hat, daß in Jesus die Gottesherrschaft gekommen ist, während die theologischen Autoritäten und führenden Kreise des Volkes ihn ablehnen und sich damit selbst vom Heilshandeln Gottes ausgeschlossen haben. Der letzte Satz führt diese Tatsache ausdrücklich auf Gottes Ratschluß und Heilsplan zurück.

Alle drei Synoptiker berichten, daß Jesus vor seiner Gefangennahme in der Agonie am Ölberg gebetet hat (Mk 14,36 par). Gewisse Erklärer halten zwar den Wortlaut dieses Gebets nicht für ursprünglich, sondern für eine spätere Meditation. Richtiger dürfte es aber sein, ein wirkliches Jesusgebet darin zu sehen: es ist das einzige, das der älteste Evangelist überliefert, und hat bei ihm folgenden Wortlaut: „Abba, Vater, alles ist dir möglich. Laß diesen Kelch an mir vorübergehen. Doch nicht was ich will, sondern was du willst." Diesem Text gegenüber zeigen die Parallelen bei Matthäus und Lukas eine Entwicklung in den Worten und in der Haltung Jesu; die Ölbergszene wird bei ihnen zu einer Unterweisung über das Gebet. Das Gebet Jesu am Ölberg, wie es Markus überliefert, paßt ausgezeichnet zu ihm und seiner Situation. Es beginnt mit Abba (das für die griechischen Leser des Evangeliums übersetzt wird). Es folgt ein Bekenntnis zu Gottes allmächtigem Willen. Daran schließt sich die Bitte um Wegnahme des Kelches, d. h. seines bevorstehenden Leidens und Sterbens. Aber Jesus unterstellt seinen Wunsch sofort dem Willen des Vaters.

Hebr 5,7 ist wohl sicher eine Anspielung an das Ölberggebet Jesu: „Er hat in den Tagen seines Fleisches Bitten und Flehrufe mit lautem Geschrei und unter Tränen an den gerichtet, der ihn vom Tode erretten konnte, und ist erhört worden um seiner Frömmigkeit willen." Nicht in dem Sinn ging sein Gebet in Erfüllung, daß ihm das Leiden und Sterben erspart geblieben wäre, sondern insofern er durch die Auferweckung der Gewalt des Todes entrissen wurde und so zu seiner Herrlichkeit gelangte.

Der vierte Evangelist erzählt die Todesangst Jesu und sein damaliges Gebet nicht. Aber er bringt seine Bitte in anderer Form und bei anderer Gelegenheit. In der letzten Rede an das Volk läßt er ihn sagen: „Jetzt ist meine Seele erschüttert, und was soll ich sagen: Vater, rette mich aus dieser Stunde? Aber deshalb bin ich in diese Stunde gekommen. Vater, verherrliche deinen Namen" (Joh 12,27 f). Und die Erhörung bestätigt eine Stimme vom Himmel: „Ich habe verherrlicht, und ich werde wieder verherrlichen" (V. 28).

Das sogenannte „hohepriesterliche Gebet" (Joh 17), das der Evangelist Jesus vor dem Gang zum Ölberg sprechen läßt, ist eine Komposition des Verfassers, die Jesus in den Mund gelegt wird. Schon der feierliche, hymnische Stil des Gebetes paßt nicht zu den schlichten Sätzen der echten Gebete des Herrn. Doch läßt sich eine Ähnlichkeit mit dem Jubelruf Jesu in Sprache und Inhalt feststellen. Johannes kannte wohl diesen Ruf Jesu aus der Tradition; er erweiterte ihn und machte ihn zu einer Art Zusammenfassung des ganzen Evangeliums.

Auch in seiner Sterbestunde am Kreuz hat sich Jesus betend an den Vater gewandt. Einige dieser Gebete sind Zitate aus den Psalmen, so der Anfang von Ps 22 (Mk 15,34). Auch das Lk 23,46 mitgeteilte Gebet: „Vater, in deine Hände empfehle ich meinen Geist" ist Zitat von Ps 31,6. Das andere von Lukas überlieferte Gebet des sterbenden Heilands: „Vater, vergib ihnen, denn sie wissen nicht, was sie tun" (23,34) ist wohl sicher ein echtes Jesusgebet, schon weil es ganz außergewöhnlich ist und die von Jesus gelehrte Feindesliebe zum Ausdruck bringt. Wenn es in einigen Bibelhandschriften fehlt, so deshalb, weil manche Abschreiber glaubten, damit werde gesagt, niemand habe eigentlich eine Schuld am Tode Jesu, dieser sei nur ein unglücklicher Zufall gewesen. Aber das Wort hat nicht diesen Sinn. Schon die Bitte um Vergebung setzt Schuld voraus. Jesus wollte nur sagen, seine Henker kennen das Ausmaß dessen nicht, was sie getan haben.

Es zeigt sich also, daß das Leben Jesu vom Gebet getragen war. Vor allen wichtigen Entscheidungen (Apostelwahl) und Abschnitten seines Lebens (Beginn der öffentlichen Tätigkeit, Leiden) betet er. Sein Gebet ist gekennzeichnet durch das kindlich-liebende Verhältnis zum Vater, es ist immer getragen von Ergebung in den Willen des Vaters. Sein Beten ist vor allem Lob- und Dankgebet, er kennt aber auch das Bittgebet für sich und andere.

Wir besitzen von Jesus keine Wesensbestimmung des Gebetes. Er spricht sich nicht darüber aus, ob Gebet ein Gespräch mit Gott oder ein Aufstieg der Seele zu ihm sei, ob es mit dem Verstand oder mit dem Willen vollzogen wird. Er konnte die jüdische Gebetstradition, in der er selber stand, auch bei seinen Zuhörern voraussetzen. Nicht so sehr das *Was,* sondern viel eher das *Wie* des Betens war ihm wichtig. Darum gibt er Anweisungen für den Gebetsvollzug und geißelt Verirrungen, die sich in die jüdische Gebetspraxis eingeschlichen hatten.

Nur einmal (Mk 14,26) wird in den Evangelien berichtet,

Jesus habe mit seinen Jüngern zusammen gebetet. Es handelt sich dabei um das vom Ritual vorgeschriebene Hallel (= Ps 113–118) nach dem Ostermahl. Sonst betet er immer allein, eine Tatsache, die nur in seinem Selbstbewußtsein ihre Erklärung findet. Doch empfiehlt er seinen Jüngern das gemeinsame Beten als Voraussetzung der Erhörung. Dem widerspricht nicht, daß er anderswo fordert, im Verborgenen bei geschlossener Tür zum Vater zu beten (Mt 6,6). Damit will er das Zur-Schau-Stellen der Frömmigkeit anprangern, wie es bei den „Heuchlern" (wohl: Pharisäern) üblich war, die sich beim Beten vorn in der Synagoge oder an den Straßenecken aufstellten, um den Leuten aufzufallen.

Distanziert sich Jesus hier von der Gebetspraxis gewisser Volksgenossen, so verwirft er auch die Gebetsweise der Heiden: „Wenn ihr betet, plappert nicht daher wie die Heiden. Denn sie meinen erhört zu werden, wenn sie viele Worte machen" (Mt 6,7). Wie überflüssig das ist, macht Jesus mit dem Hinweis deutlich, daß der Vater im Himmel weiß, was die Jünger brauchen, schon bevor sie ihn bitten (V. 8).

Eine wichtige Voraussetzung des rechten Betens ist nach Jesus das Bewußtsein der eigenen Sündigkeit. Das soll das Gleichnis vom Pharisäer und Zöllner dartun (Lk 18,9–14). Es richtet sich an Leute, „die sich selbstsicher für gerecht hielten und die übrigen verachteten" (V. 9). Als Vertreter dieses Menschentyps ist im Gleichnis der Pharisäer gezeichnet. Sein Gebet enthält keine Bitte, sondern er dankt Gott dafür, daß er fromm ist und sich von Sünde fernhält. Er lebt nicht in ständigem Konflikt mit dem Gesetz „wie dieser Zöllner da". Dieser Seitenblick verrät jedoch, daß er die übrigen Menschen verachtet. Dann zählt er seine Leistungen auf als weiteren Grund seines Dankes an Gott: freiwilliges Fasten zweimal in der Woche, die Abzweigung von zehn Prozent seiner Einkünfte für gute Zwecke. Dagegen bleibt der andere Beter, der Zöllner, hinten im Tempel stehen und schlägt zum Ausdruck tiefer Reue auf seine Brust. Sein Gebet ist die bloße Bitte um Erbarmen.

Das Urteil Jesu über die beiden Beter lautet: „Dieser ging gerechtfertigt nach Hause, anders als jener" (V. 14). Es muß die Zuhörer schockiert haben. Was konnte man am Beten des Pharisäers aussetzen? Er weiß und bekennt, daß er sein Besser-Sein der göttlichen Gnade verdankt. In seinem Gebet stattet er nur diesen Dank ab, ohne etwas zu erbitten. Und wieso kann das Gebet des Zöllners so wirksam sein? Nach jüdischer Auffassung mußte ein solcher zuvor seinen Beruf aufgeben und alles Geld, das er durch Wucher verdient hat, zurückerstatten. Jesus gibt keine Antwort auf solche Fragen, sondern erklärt einfach: Gott handelt so, wie es Ps 51,19 schildert: ein ihm wohlgefälliges Opfer ist ein Herz voll Demut und Reue, und ein solches wird er nicht verschmähen. Er sagt „ja" zum hoffnungslos verzweifelten Sünder, „nein" zum selbstgerechten Pharisäer.

Das Gebet soll nach der Lehre Jesu von Erhörungsgewißheit getragen sein (Mt 7,7–11). Mit einem Schluß vom Geringeren auf das Größere zeigt er: Wenn kein irdischer Vater seinem bittenden Kind statt einer nützlichen eine schädliche Sache gibt, um wieviel mehr wird dann Gott in seiner Vatergüte den Bittstellern nur Gutes geben. Lukas ersetzt das wohl ursprüngliche „Gutes" durch „Heiligen Geist" (11,13). Mit dieser Änderung will er wohl zum Ausdruck bringen, daß Gott den Jüngern Jesu nicht irgend etwas Gutes zuteilt, sondern das, was sie vor allem nötig haben, Heiligen Geist, d. h. die göttliche Gnade.

Mk 11,24 überliefert einen Ausspruch Jesu des Inhalts, daß Vertrauensglaube sich im Bittgebet äußert, das Gott alles zutraut. Dieser Glaube muß aber so fest sein, daß der Mensch schon während seines Betens überzeugt ist, das Erbetene empfangen zu haben.

Um wirksam zu sein, muß das Gebet „im Namen Jesu" verrichtet werden (Mt 18,20; Joh 14,13; 16,23), d. h. in seinem Geist und Sinn, in Vereinigung mit ihm, unserm Haupte, im Vertrauen auf seine Verdienste. Einem solchen Gebet spricht Jesus sichere Erhörung zu. Es ist in anderem Zusammenhang zu fragen, ob diese Versicherung nicht zu unserer täglichen Erfahrung im Widerspruch steht.

Um was für Dinge darf man im Sinne Jesu Gott bitten? Vor allem um geistige Güter, z. B. die Ausbreitung des Evangeliums (Mt 9, 38), das Kommen des Gottesreiches (Mt 6, 10), Verzeihung der Schuld (Mt 6, 12). Aber auch in irdischen Anliegen darf man sich an Gott wenden, wie die Bitte um das tägliche Brot zeigt (Mt 6, 11; Lk 11, 3).

Alfons Kemmer, Nr. 1028

Dankend bekennen wir uns zu Dir,
der Du der Herr, unser Gott
und der Gott unserer Väter bist
in Zeit und Ewigkeit.
Fels unseres Lebens,
Schild unseres Heils bist du
von Geschlecht zu Geschlecht.
Dankbar bekennen wir uns zu Dir
und künden Deinen Ruhm für unser Leben,
das in Deine Hand gegeben,
und unsere Seelen, die Dir anvertraut,
und Deine Wunder, die täglich uns zuteil werden,
und Deine Wundertaten und Wohltaten
zu jeder Zeit,
abends, morgens und mittags.
Allgütiger,
Dein Erbarmen ist nie zu Ende.
Allbarmherziger,
Deine Güte hört nie auf.
Von jeher hoffen wir auf Dich.
Für all dies sei Dein Name, unser König,
stets gepriesen und erhoben
in Zeit und Ewigkeit.

Alles, was da lebt, bekenne sich dankbar zu Dir
und lobpreise aufrichtig Deinen Namen, Gott,
der Du unser Heil und unsere Hilfe bist.
Gelobt seist Du, Herr, Allgütiger ist Dein Name,
und schön ist es, uns in Dankbarkeit zu Dir zu bekennen.

Aus dem jüdischen Achtzehngebet, Nr. 1587

Das Gebet des Herrn, das vollkommen selbstlos ist, ist zugleich auch vollkommen wirksam. Jede seiner Bitten, wenn sie im Glauben ausgesprochen wird, enthält in sich auch schon den Anfang der Erfüllung. Wenn wir im Glauben sprechen: „Geheiligt werde Dein Name", wird der Name Gottes schon geheiligt in uns. Indem wir das Reich Gottes herbeirufen, halten wir dadurch uns selbst für zu diesem Reiche gehörig, das heißt, es kommt schon zu uns.

Indem wir sagen: „Dein Wille geschehe", das heißt, indem wir unseren Willen Gott anheimstellen, erfüllen wir damit seinen Willen in uns. Endlich, je mehr wir unsere materiellen Bedürfnisse auf das geringste Maß beschränken in der Bitte um das tägliche Brot für heute, desto eher machen wir ihre Befriedigung möglich.

Indem wir ferner unseren Schuldigern vergeben, rechtfertigen wir uns damit vor Gott, und endlich, indem wir um Gottes Hilfe im Kampf gegen die Versuchungen und Eingebungen der arglistigen Mächte bitten, erhalten wir damit schon die allerwirksamste Hilfe, denn diese Art kann durch nichts anderes als durch Fasten und Beten ausgetrieben werden.

Vladimir Solovjov, Nr. 690

Geheiligt werde Dein Name,
nicht der meine.
Dein Reich komme,
nicht das meine.
Dein Wille geschehe,
nicht der meine.
Gib uns Frieden mit Dir.
Frieden mit den Menschen.
Frieden mit uns selbst.
Und befreie uns von Angst.

Dag Hammarskjöld, Nr. 1332

„Denn dein
ist das Reich ...“

Kaum ein Text aus der Bibel
ist so bekannt wie das Vaterunser.
Selbst Leute, die selten in die Kirche gehen,
haben davon gehört.
Die Christen aber verbindet dieses Gebet mit Gott,
und es verbindet die Christen untereinander.
Es verbindet Christen in aller Welt miteinander.
Christus selbst formulierte es für uns.
Seine Schüler, seine Jünger hatten ihn gefragt.
Sie wollten beten lernen, und Jesus lehrte sie.
Seitdem wurde dieses Gebet nicht mehr vergessen.
Matthäus schrieb es in die Bergpredigt hinein.
Fast steht es in der Mitte dieser Rede Jesu.
Es ist sicher nicht zuviel gesagt, das Vaterunser
einen Höhepunkt des Neuen Testaments zu nennen.
Seit zweitausend Jahren
leben die Christen mit diesem Gebet.
Von Generation zu Generation gaben sie es weiter.
Und so kam es zu uns,
dieses Gebet, das so beginnt:
Unser Vater im Himmel,
geheiligt werde dein Name.

Wer das Vaterunser betet, betet nicht allein.
Das sagen schon die ersten Worte: Unser Vater.
Wenn ich mit Gott rede, geht es nie nur um mich.
Sicher ist das Gebet eine Zwiesprache mit Gott,
eine merkwürdige Zwiesprache zugegeben,
in der ich der redende Teil bin
und ausspreche, was Gott schon alles weiß,
und rede, damit Gott sein Schweigen bricht.
Aber bei diesem Gespräch
sind auch Dritte im Spiel.
Jedes Gespräch mit Gott hat immer auch
mit den Menschen um mich herum zu tun,

mit dem Freund oder der Freundin,
mit dem Lebensgefährten oder dem Nachbarn,
mit Friedensstiftern und Friedensbrechern,
mit denen, die Recht schaffen, und mit denen,
die um der Gerechtigkeit willen leiden.
Unser Vater im Himmel ...
das bedeutet nicht, daß Gott weit weg ist.
Das Himmelreich ist vielmehr ein Bild
für Gottes menschliche Maßstäbe im Alltag.
Wo Gottes Maßstäbe im Alltag angewendet werden,
wo sie weltweit zum Maßstab werden,
da ist Gott mitten unter uns,
da breitet sich der Himmel auf Erden aus.

... geheiligt werde dein Name.
Es reicht nicht, auf Wörter zu verzichten,
die uns lässig und leicht wie eine Gewohnheit
über die Lippen gehen:
‚Mein Gott ...' sagen wir unbedacht, oder
‚Ach du lieber Gott',
und niemand denkt dabei an Gottes Liebe.
Im ersten Teil der Bergpredigt steht,
daß Gott Gerechtigkeit will und Frieden,
und daß die Traurigen getröstet werden.
Ebendas ist mit dieser ersten Bitte gemeint.
Dein Name werde geheiligt ...
Niemand kann den Namen Gottes mehr ehren,
als einem Menschen ... einem nur ...
gerecht zu werden.
Solche Menschen sorgen für etwas mehr Frieden,
sie trösten eine Frau, einen Mann, ein Kind,
und heiligen damit Gottes Namen.

Kurt Wolff, Nr. 1395

TÄGLICHES

Wir beten:
Unser tägliches Brot gib uns heute!
Warum nicht auch:
Unsere tägliche Hoffnung gib uns heute.
Unsere tägliche Liebe gib uns heute.
Unsere tägliche Freude gib uns heute.
Unseren täglichen Frieden gib uns heute …

Adalbert Ludwig Balling, Nr. 1319

DEIN REICH KOMME

Dein Reich komme,
eine Regierung, die ihre Untertanen nicht fürchtet,
die Übergabe der Gewalt,
freie Luft ohne Gefängnisse,
kein Standgericht,
gerechter Regen und Sonne,
dein Reich komme,
die Wahrheit auf den Lippen,
Brot, Milch, Naturhonig,
Verbände, Öl für die Wunden,
einen Sessel für den Greis, Worte der Demut.

Und wenn dein Reich nicht möglich ist,
wenn Stiefel es niedertreten,
es kaum aufkeimt,
zeige uns die Wunde in deiner Seite,
das weiße Kreuz,
den Papst in der blutbefleckten Soutane.

Anna Kamieńska, Nr. 1224

GEBET UM EIN WACHES GEWISSEN

Stimmt es, daß du den Regenbogen
als Zeichen des Friedens
und der Verbindung zu den Menschen
verstanden hast?
Dann schaffe am Himmel
ein solch mächtiges Zeichen,
daß es das Gewissen der Völker
erschüttert
und sie dahin führt,
den offensichtlichen Irrsinn der Kriege
und der Mißbildung
einer winzigen Welt der Reichen zu sehen,
die umschlossen und durchdrungen
von den Wassern des Elends ist.
Selbst du,
mit deinem unwiderstehlichen Blick
unendlicher Güte,
hast nicht vermocht,
das Herz des reichen Jünglings
zu bewegen.
Und dabei hatte er
von Kindheit
an deine Gebote
befolgt.
Herr, mein Herr,
laß nicht zu, daß wir
aus falscher Liebe
die schrecklichen Wahrheiten
verharmlosen,
die du den Reichen gesagt hast.

Dom Helder Camara, Nr. 1326

Schenk mir eine Jakobsnacht

Jakobs Traum vom geöffneten Himmel und einer Leiter, auf der er die Engel Gottes herab- und hinaufschweben sah, gehört beinahe zum Allgemeinwissen in biblischer Geschichte. Auch die Malerei hat sich dieser Szene angenommen. In jüngster Zeit malte sie *Marc Chagall* in solcher Eindringlichkeit, daß man nicht nur das Gestaltete sieht, sondern auch die Worte zu vernehmen meint, die der lebendige Gott dem ebenso erschöpften wie beunruhigten und umgetriebenen Jakob in mitternächtlicher Stunde sagt: „Durch dich und deine Nachkommen sollen gesegnet werden alle Geschlechter auf Erden." Und kurz nach Chagall schrieb ein christlicher Lyriker unserer Zeit die ergreifenden Zeilen:

„schenk mir eine jakobsnacht
stell die himmelsleiter
in mein traumgesicht
laß Deine boten
auf- und niedersteigen ..."

Als ich diese Zeilen des Benediktiners *Bruno Stephan Scherer* las, stellte ich mir die Frage, ob nicht hier ein Mensch um die eine und tiefste Erfahrung ringt, die ihm bislang noch nicht zuteil geworden ist. Wobei ich zurückdenken mußte an Erfahrungen, an Grunderfahrungen mit Gott, die lange vor der Niederschrift dieser Zeilen andere bereits machen durften.

Ich mußte an den Israeliten *Mose* denken, der die entscheidende Erfahrung seines Lebens vor jenem Dornbusch machte, den er mitten in der Wüste als einen Busch zu sehen meinte, der in Flammen stand. Gebannt von dieser Vision hörte Mose – so deutlich als käme es aus dem Innersten seines Herzens – die Worte: ‚Ich werde dasein, immer werde ich dasein, bei meinem Volk werde ich dasein. Ich, der Gegenwärtige. Ich, der Gott, der mit dir geht. Ich werde dasein, ich, der mitgehende Gott.' So etwa hat

Martin Buber die Gottesstimme aus dem Dornbusch für uns interpretiert.

Und ich mußte an den Augustiner-Eremiten *Martin Luther* denken, der in seiner Klosterzelle ringen und kämpfen mußte, weil elementare Gottes- und Lebensprobleme ihn hin- und herwarfen. Urplötzlich aber traf und durchdrang ihn eine fundamentale Erkenntnis. Mitten im Übersetzen des griechischen Textes der Bibel! Hier seine Worte in engster Nähe zum Original: Ich wollte herausbekommen, was das heißt, wenn in fremder Sprache dasteht „Kraft Gottes", oder „Gerechtigkeit Gottes". Mit einem Male erkannte ich, daß die Kraft Gottes die Kraft ist, durch die Gott uns Menschen kräftig macht. Und daß Gerechtigkeit Gottes die unfaßbare Großmütigkeit Gottes ist, durch die er unser Leben tauglich und vor ihm recht macht. Wörtlich dann weiter:

„Da fühlte ich mich ganz und gar neu geboren und durch offene Tore trat ich in das Paradies selbst ein. Da zeigte mir die ganze Schrift ein völlig anderes Gesicht." Das war die Stunde, in der Luther die Schrift als *Evangelium* erkannte. Die Stunde, da die Himmelsleiter der Jakobsnacht mitten hineingestellt wurde in *seinen* Traum vom Leben, der lange Zeit ein theologischer Angsttraum gewesen war.

Auch an *Jakob Böhme* mußte ich denken, an den Schuhmacher und Meister der schlesischen Mystik. Entdeckte er doch eines Tages, daß die „Landskrone" bei Görlitz gar kein Berg wie andere Berge war. Weil er oben keine Spitze, sondern eine Einbuchtung, eine Art Öffnung hatte. Für Böhmes Augen ein offenstehender Berg, in dessen Öffnung der Himmel hineinragte! Urplötzlich erfaßte den Mystiker: Ist dieser Berg nicht wie ein Mensch? Wie ein Symbol dafür, daß in einen Menschen, der bereit ist, sich zu öffnen, der schon offensteht, der Himmel Gottes eingeht? Und dann kamen Bilder über Bilder in sein Herz, Bilder seiner mystischen Gotteserfahrung, die unser aller Eigentum sind seit über dreihundert Jahren.

Wie etwa: „Du sagst, Gott wohnt im Himmel? O, du blindes Gemüt voller Finsternis! Der Himmel, da Gott wohnt, ist auch in dir. Laß dich doch den Antichrist nicht aus dieser Welt in die Sterne verweisen. Er lügt – wie der Teufel selbst."

Oder: „Der Himmel ist überall, auch an dem Ort, da du stehst und gehst. Wenn dein Geist Gottes Geist ergreift, so bist du schon im Himmel."

Das war das Ergebnis langen Suchens im Herzen dieses großen Mystikers: Das Bild vom Berge, der nach oben hin offensteht! Das war seine Himmelsleiter, mitten hineingestellt in *seinen* Traum vom Leben, der lange genug ein unruhiger Suchtraum gewesen war. Ein Ringen mit lastenden Grenzfragen, nicht zuletzt mit der Frage, wie es denn überhaupt zu einer Begegnung von Gott und Mensch kommen könne angesichts so vieler Erscheinungen, die sich einfach widersprechen: angesichts des Ineinander von Gut und Böse, von Leben und Vergänglichkeit, von Himmel und Hölle auf dieser Erde.

So viele Grenzerfahrungen, und am Ende doch geschenkte Zugänge zu Gott, um die wir wissen voller Verwunderung und Staunen. Erfahrungen, die uns aber auch zu der Frage treiben: Warum Mose, warum Luther, warum Jakob Böhme – und warum nicht *auch* wir? Wo ist *unsere* Himmelsleiter?

Diese Frage zu beantworten bedarf der Erinnerung an einen Vorgang auf dem Marktplatz von Athen; damals, in der Frühe der Christuszeit. Dort predigte der Apostel *Paulus* das Evangelium vor Nicht-Christen. Aber bevor er den Kern seiner Rede freilegte, griff er zu einer uralten religiösen Formel, die all denen bekannt sein mußte, die dort standen und einen unbekannten Gott ahnten. Eine großartige Formel, deren Glieder wie die Sprossen einer Himmelsleiter sind, die unsere Himmelsleiter sein könnte, wenn wir sie überdenken, reflektieren, vielleicht sogar meditieren.

Paulus rief aus: So fern ist uns Gott gar nicht! Denn – und hier seine umfassende Formel: *„In ihm leben, weben und sind wir.“* Was für ein Wort! Auch hier könnten die Engel herab- und hinaufsteigen! Von diesem Wort her haben wir mit einem Male etwas zu tun mit Mose und Luther und Böhme, denn in ihm, dem fernen und dem nahen Gott, – wenn auch oft recht unbewußt – leben, weben und sind wir. Wir alle. Das ist das Evangelium aus Athen, und ich will den Versuch machen, diese außerordentliche Botschaft verstehbar zu machen.

In ihm, in *Gott* leben wir, sagt Paulus. Das ist im Grunde nicht schwer zu verstehen. Zu erwähnen wäre hier ein tiefsinniges Wort im Hebräerbrief. Es lautet:

„Gastfrei zu sein
verabsäume nie;
denn ohne es zu wissen,
hat mancher schon
Engel beherbergt.“

Ich sagte, ein tiefsinniges Wort: Engel, einen Engel, einen Boten Gottes beherbergen? Wer von uns würde schon darauf kommen, daß er einem *Engel* die Hand gab, als er sie einem Menschen gab, den Leid durchbohrt oder ein Zweifel zerrüttet hatte?! Wer käme darauf, daß er eben erst einem Engel die Hand gegeben habe, als er sie einem Menschen gab, der wenige Augenblicke vorher die grenzenlose, die lebensentscheidende Freude erlebt hatte? Wer von uns würde schon darauf kommen!? Aber genau das gibt es: Durch das Leid eines Menschen, durch seinen Zweifel und durch sein ganz großes Glück kommt wieder und wieder der lebendige Gott auf uns zu und richtet die Frage an uns, ob wir bereit seien, einen Schritt mit diesem Menschen da zu gehen. Ein Stück mit ihm zu leben. Denn solches Mitgehen und Mitleben ist dann doch viel mehr, als wir zunächst meinen. Ich will es so sagen: In das Leid eines anderen sich hineinzuleben, den Zweifel eines anderen erleben, die Freude und das Glück eines anderen miterleben, das ist nichts anderes als in Gott leben. Das heißt erkannt haben, daß dieser andere ein Engel, ein Bote Gottes ist, der uns fragt, ob wir dabei sein wollen, unser Herz hergeben wollen, wenn da und dort der Klagelaut des Leides, der Brandgeruch des Zweifels oder auch eine unwahrscheinliche Freude zu spüren sind. *Das* miterleben und in Dankbarkeit erleben, wie Gott uns Teilhabe schenkt am Schicksal anderer, das heißt in Gott leben. Von daher begreife ich den Lyriker *Paul Schäfer,* der die Geschichte unseres gesamten Lebens verdichtet hat zu einer einzigen Geschichte mit Gott. Zu einem Geschehen von Begegnungen, deren Urheber Gott selbst ist. Von Ereignis zu Ereignis kommen die Dinge auf uns zu, machen uns reifer und heben uns aufwärts wie auf einer Himmelsleiter. Hier des Dichters schlichte und eindringliche Zeilen:

„Dreimal bin ich dem Leben begegnet:
Erst hat sein Gesetz mich fast vernichtet,
dann seine Schönheit mich aufgerichtet
und seine Güte mich endlich gesegnet.
Dreimal bin ich dem Leben begegnet."

In der Predigt des Paulus heißt es dann weiter: „In ihm *weben* wir." Im Grundtext genauer: „bewegen wir uns". Das ist deutlicher! Das will einsichtig machen, daß alles, was unter uns und zwischen uns geschieht, verwoben ist in das Geheimnis der Zeit, in eine ständig sich bewegende Zeit, in der wir uns ständig mitbewegen. Es bewegen sich die Jahre und die Stunden, in denen oft Außerordentliches geschieht. Geheimnisvolle Zeit, die Gott an uns vergibt. Jahrzehnte der Dauer, für die zu danken ist. Und dann die Kette von Sekunden, für die nicht weniger zu danken ist. Manchmal für die eine Sekunde, die alles prägt, umprägt und neuprägt, die uns herausreißt aus Gewohnheiten und Gewöhnungen, aus längst verbrauchten Vorstellungen und aus

Erwartungen, die müde geworden sind. In dieser gewährten und beanspruchenden Zeit sich bewegen, sich aufmerksam und wie ein Lernender bewegen, das heißt sich in Gott bewegen. Das ist das große Abenteuer mit der Zeit, das uns aufgegeben ist, solange wir leben. Steigen wir doch ein in dieses Abenteuer, nehmen wir es ernst, dieses Gewebe und Gefüge der Jahre, der Stunden und Sekunden. Wir brauchen es, um uns selbst zu finden und durchzufinden zu unseren Erfahrungen mit Gott. Denn in ihm leben und weben wir. Begegnungen mit Menschen und der Zeiger der Uhr sprechen beide dafür.

Und das Dritte und Letzte, das Paulus vor den Menschen auf dem Marktplatz von Athen entfaltete: „In ihm *sind* wir." Daß wir wirklich in Gott sind, sagt uns am stärksten wohl unsere dauernde und geräuschlose Zustimmung zu dem Ereignis, das sich in der Wende der Zeit unter den Menschen vollzog: Dort, wo man aramäisch, hebräisch und auch die Sprachen der Großreiche sprach, wo man Bethlehem kannte und Nazareth, wurde in einem einzigen Augenblick der Himmel geerdet, und Gott kam in Jesus in die Armut der Menschen. Seit diesem Ereignis hat der Himmel, besser: das Gott-Sein Gottes, so viele geöffnete Stellen, daß das nicht ohne Bedeutung für uns sein kann. Für diese Gewißheit steht das Gebet eines afrikanischen Christen, das übertragbar ist auf alle, die in der Armut ihres Lebens um die Notstände von Krankheit und Sorge, von Gebrechlichkeit und Sterben wissen und unter diesen Notständen leiden. In solchem Wissen und Leiden betete jener afrikanische Christ, als der Tag zu Ende ging, zu dem, der in die Armut aller Menschen kam:

„Decke mich zu mit der Nacht.
Breite Deine Gnade über uns aus,
wie Du verheißen hast.
Deine Verheißungen sind mehr

als alle Sterne am Himmel,
Deine Gnade ist tiefer als die Nacht."

Wer so zu beten vermag, der ist getragen von der Gewißheit, daß er *in* Gott ist. Tiefer in Gott als die Sterne am Himmel hoch über ihm sind.

Vielleicht wachsen auch wir einmal in ein so wunderbares Vermögen hinein, vielleicht morgen, vielleicht übermorgen schon. Dann sollten wir nicht zögern, sondern am Abend, am Ende eines steinigen und beschwerlichen Weges, den wir gerade gegangen sind, beten und bitten: Schenk mir unter den Nächten meines Lebens auch einmal *meine* Jakobsnacht!

Rudolf Renner, Nr. 1097

Herr, laß mich dein Werkzeug sein – bitte.
Du weißt doch, worauf du dich da einläßt?
Ich bin kein Engel, ich bin schlimmer, als ––
als ich es weiß, sowieso;
ich meine: als ich erahne.
Ich trage die Nase immer noch hoch,
wie im zweiten Schuljahr.
Da wollte ich die Zwei haben im Diktat,
gehört sich doch so.
Und ich hatte die Zwei, also bin ich okay:
na klar, unsereins, schaffen wir glatt.
Das gleiche Spielchen auch heute, vierzig Jahre später:
Ich will edel sein, hilfreich und gut.
Ich will ansehnlich sein für andere.
Ich will Rettung sein für andere.
Ich will Vorbild sein für andere –
aufgeplustert wie im zweiten Schuljahr.
Gott, wo käme ich hin ohne jede Ich-Bestätigung,
ohne Streicheleinheiten, ohne: schön, daß du da bist?
Ich bin auch nur ein Mensch.
Ich bin schwach; darum habe ich nötig, stark zu sein.
Ich brauche Hilfe; darum habe ich nötig, anderen zu helfen.
Ich bin böse; darum habe ich's nötig, gut zu sein.
Jetzt weißt du, in etwa, auf wen du dich einläßt,
wenn du dich auf mich einläßt –
du weißt es längst.
Nicht weil ich ich bin,
nur weil du du bist,
wage ich zu sagen:
Herr, laß mich dein Werkzeug sein.

Ulrich Bach, Nr. 1292

Gebete
ändern nicht
die Welt.
Aber die Gebete
ändern
Menschen.
Und Menschen
ändern
die Welt.

Albert Schweitzer

QUELLENNACHWEIS

Nr. 690: Der Himmel liebt die Erde. Weisheit des christlichen Ostens, Texte zum Nachdenken (S. 89).
Nr. 906: Klemens Tilmann: Weg in die Mitte. Glaubensmeditation: Erfahrungen, Vollzüge, Reifung (S. 62 ff.).
Nr. 1028: Alfons Kemmer: Wir dürfen mit Gott sprechen. Worauf es ankommt (S. 80 ff.).
Nr. 1049: Romano Guardini: Vom Geist der Liturgie (S. 40 ff.).
Nr. 1097: Rudolf Renner: Gottes Kraft in unserer Schwachheit. Leben aus der Zuversicht. Meditationen (S. 98 ff.).
Nr. 1119: Adalbert Ludwig Balling: Unseren täglichen Reis gib uns heute. Gebete aus der Dritten Welt (S. 45).
Nr. 1194: Frère Roger: Vertrauen wie Feuer. Tagebuchaufzeichnungen (S. 68).
Nr. 1198: Ramon Llull: Die Kunst, sich in Gott zu verlieben, Texte zum Nachdenken (S. 10).
Nr. 1221: Dionysius Areopagita: Ich schaute Gott im Schweigen. Mystische Texte der Gotteserfahrung, Texte zum Nachdenken (S. 60.67).
Nr. 1224: Rudolf Bohren: Ich möchte Mauern durchschreiten. Gebete osteuropäischer Christen (S. 46.58.95).
Nr. 1292: Ulrich Bach: Hosianna bei Gegenwind. Versuche zu beten (S. 105).
Nr. 1319: Adalbert Ludwig Balling: In Gottes Hand geschrieben. Minuten-Meditationen (S. 17.94).
Nr. 1326: Franz Rieger: Du bist schön, meine Erde. Gebete für die Schöpfung (S. 96).
Nr. 1331: Michael Graff: Gott wohnt gleich um die Ecke. Impulse zum Nachdenken (S. 59).
Nr. 1332: Werner Braselmann (Hrsg.): Gespräche meines Herzens. Gebete auf dem Lebensweg (S. 78.90).
Nr. 1365: Frère Roger in seinem Tagebuch: Jeden Augenblick neu (S. 77).

Nr. 1519: Adalbert Ludwig Balling: Atempause für die Seele. Minuten-Meditationen (S. 29.76).

Nr. 1555: Kyrilla Spiecker: Mit Gott im Wort. Beter der Bibel (S. 48ff.).

Nr. 1567: Leo Prijs: Du, unser Vater. Gebete aus dem Judentum (S. 36).

Nr. 1587: Werner Braselmann (Hrsg.): „Meine Zeit steht in Deinen Händen". Gebete für die zweite Lebenshälfte (S. 18.30.37. 38.51.52.88).

Nr. 1593: Adolf Sommerauer: Versuch's mit Gott. Glaubenshilfe und Lebensrat für jede Woche (S. 54ff.).

Nr. 1595: Kurt Wolff: Vergeben steht uns gut zu Gesicht. Zwischenrufe zum Vaterunser. Geschichten und Texte (S. 92f.).

Nr. 1609: Wilhelm Schäffer: Glauben in dieser Zeit. Christsein verstehen und leben (S. 20ff.).

Nr. 1618: Alphonse und Rachel Goettmann: Meditieren im Atem Gottes. Ein Übungsweg für Christen (S. 70ff.).

Nr. 1623: Günter Stachel: Gebet – Meditation – Schweigen. Schritte der Spiritualität (S. 32ff.).

Nr. 1644: Adel Th. Khoury/Peter Hünermann: Wozu und wie beten? Die Antwort der Weltreligionen (S. 12ff.).

Die Scherenschnitte von Ruth Braselmann sind dem Herder-Taschenbuch-Band Nr. 1375: Du hältst meine Hand. Gebete der Bibel, herausgegeben von Werner Braselmann, entnommen.

Gott suchen – Gott begegnen

Herder-Taschenbücher zu Gebet und Meditation

Jeder Mensch ist ein Gottsucher; denn er kommt von Gott, und er geht zu Gott. Bewußt oder unbewußt – der Mensch sehnt sich nach Gott. Aber wo ist er zu finden?
Gott ist nicht irgendwo, sondern überall. Gott ist kein Objekt: begrenzt, griffig, fest-stellbar. Gott läßt sich in allem finden – aber jedes Finden löst neues Suchen aus; denn Gott ist immer größer.
Die hier vorgestellten Bücher des Herder Taschenbuch Verlags wollen helfen, Gott zu suchen und ihm zu begegnen – den christlichen Gott, der seinerseits Menschen sucht und findet. Und der sich suchen und finden läßt – auf vielerlei Wegen und Weisen …

… in der Weisheit der Weltreligionen

von Brück, Regina und Michael: Ein Universum voller Gnade. Die Geisteswelt des tibetischen Buddhismus. Nr. 1265.
Als die Chinesen Tibet unterwarfen, haben der Dalai Lama und viele Tibeter das Erbe ihres Volkes nach Nepal und Indien gerettet. Dort hatten die Autoren Gelegenheit, mit den höchsten Würdenträgern über das unermeßliche „Universum voller Gnade" zu sprechen, das sich in Meditation, Trance und Denken eröffnet.

Kämpchen, Martin: Im Lebenskreis der Armen. Indisch-christliche Spiegelungen der Hoffnung, Texte zum Nachdenken. Nr. 892.
In allen Texten wird deutlich, daß eine das Herz überwältigende Hoffnung gerade dann erwachen kann, wenn einem das Wasser bis zum Hals steht.

–: Überall lebt Franziskus. Seine Brüder in den Weltreligionen. Nr. 1346.
Dieses Taschenbuch führt zu einer Begegnung mit indischen Heiligen, die wie der Poverello von Assisi die Macht der allumfassenden Güte bezeugen. Mahatma Gandhi war einer von ihnen.

Nahe der Nabe des Rades. Die Heiligen in den Weltreligionen, herausgegeben von Martin Kämpchen und Gertrude Sartory. Nr. 1182.
In diesem Taschenbuch werden je drei beispielhafte Gestalten aus den fünf großen Weltreligionen (Judentum, Christentum, Islam, Hinduis-

mus, Buddhismus) vorgestellt. Ihre Lebensbilder stammen von bekannten Autoren.

Lebensweisheit des Buddhismus, herausgegeben von Erhard Meier. Nr. 1265.
Erleuchtung ist das Lebensziel jedes Buddhisten. Auf dieses wesentlichste Ereignis im Leben des Menschen zielen auch alle Verhaltensregeln, die Buddha seinen Jüngern mit auf den Weg gegeben hat.

Meier, Erhard: Weisungen für den Weg der Seele. Aus dem tibetischen Totenbuch. Nr. 1381.
Das tibetische Totenbuch ist eine der rätselhaftesten Schriften religiöser Erfahrung. Es bereitet auf das rechte Sterben vor und gibt der Seele Weisungen für den schrittweisen Übergang in das Nachtod-Erleben.

Lebensweisheit aus dem Judentum, gesammelt und eingeleitet von Leo Prijs. Nr. 1322.
Die Lebensweisheit des Judentums ist ganz konkret. Sie ist darum vor allem in fabel-haften Erzählungen überliefert.

Unter dem Stern der Güte. Worte für Freunde, ausgewählt und eingeleitet von Monika Christians, Texte zum Nachdenken. Nr. 1575.
Dichter und Denker, Heilige und Propheten aus Ost und West, aus heutiger und längst vergangener Zeit sprechen unter diesem Stern der Güte zu uns als ihren Freunden.

... in den Lehren der Meister

Al-Halladsch: „O Leute, rettet mich vor Gott". Worte verzehrender Gottessehnsucht, ausgewählt, übersetzt und eingeleitet von Annemarie Schimmel, Texte zum Nachdenken. Nr. 1240.
Al-Halladsch ist der Erzmärtyrer der islamischen Mystik, und als Märtyrer, schahid, ist er der wahre Zeuge, schahid für die verzehrende Hingabe an den Einen Gott.

Mahatma Gandhi: Handeln aus dem Geist, ausgewählt und eingeleitet von Gertrude und Thomas Sartory, Texte zum Nachdenken, Nr. 632.
Gandhi handelte aus dem tiefen Wissen, daß Wahrheit nicht durch Gewalt, Gerechtigkeit nicht aus Haß, Friede nicht aus Feindseligkeit entstehen kann.

Mahatma Gandhi: Aus der Stille steigt die Kraft zum Kampf. Von der Macht des Gebetes, Texte zum Nachdenken, Auswahl und Übersetzung von Henrike Rick, Einführung von Martin Kämpchen. Nr. 1385.
Gandhis Texte sprechen über die geistige Reinigung, die zur Wahrheitssuche notwendig ist, über das erbetete Vertrauen in Gott, ohne

das Furchtlosigkeit im gewaltlosen Kampf um Gerechtigkeit unmöglich ist.

Ibn ʿAṭāʾ Allāh: Bedrängnisse sind Teppiche voller Gnaden, übersetzt und eingeleitet von Annemarie Schimmel, Texte zum Nachdenken. Nr. 1508.
Der ägyptische Mystiker, der dem Schadhiliyya-Orden angehörte, hat in seinen Sprüchen und Gebeten ständig auf die Größe und Majestät Gottes hingewiesen, vor dem der Mensch in Anbetung und Gehorsam steht und dem er immer aufs neue Dank schuldet.

Sri Ramakrishna: Setze Gott keine Grenzen. Gespräche des indischen Heiligen mit seinen Schülern, aus dem Bengalischen übersetzt, ausgewählt und eingeleitet von Martin Kämpchen, Texte zum Nachdenken. Nr. 1165.
Sri Ramakrishna hat die wesentliche Einheit der Religionen visionär erfahren; er ist eine einigende Gestalt nicht nur in Indien, sondern überall, wo fromme Menschen leben.

Sartory, Gertrude und Thomas: Die Meister des Weges in den großen Weltreligionen. Guru – Roshi – Scheich – Zaddik – Starez – Meisterüberlieferungen der frühchristlichen Mönchsväter. Nr. 847.

Schenuda III: Allem gewachsen, weil Christus mich stärkt. Stufen des Glaubens in koptischer Frömmigkeit, Texte zum Nachdenken. Nr. 1669.
Die Koptisch-Orthodoxe Kirche in Ägypten geht der Überlieferung nach auf den Evangelisten Markus zurück. Der heutige Papst Schenuda III. beeindruckt vor allem durch seine schlichten Worte des Trostes, der Ermutigung und Wegweisung; eine Quelle der Kraft für alle Christen.

… im Leben der Heiligen und großer Christen

Antonios der Große. Stern der Wüste, ausgewählt, übersetzt und vorgestellt von Hans Hanakam, Texte zum Nachdenken. Nr. 1625.
Antonios der Große, um 251 in Ägypten geboren und dort im Alter von über 105 Jahren gestorben, ist eine Schlüsselgestalt altchristlicher Spiritualität und Askese. Bischöfe und Priester fragten ihn um Rat, mit Kaiser Konstantin stand er im Briefwechsel.

„Dein leuchtend Angesicht, Maria …" Das Bild der Mutter Jesu in der Glaubensgeschichte, herausgegeben von Wolfgang Beinert und Jürgen Hoeren. Nr. 1565.
Das Positive wie das Negative der Marienverehrung in der Geschichte wird hier sachlich und ehrlich zur Sprache gebracht.

Bernhard von Clairvaux: „Weil mein Herz bewegt war", eingeleitet und übersetzt von Elisabeth Hense, Texte zum Nachdenken. Nr. 1694.
Das Leben des Bernhard von Clairvaux war eine Gratwanderung zwischen Kontemplation und Aktion, das immer umfassender in den Sog der Liebe Gottes geriet. 1990 wird der 800. Geburtstag dieses großen Ordensreformators gefeiert.

Cassian, Johannes: Aufstieg der Seele. Einweisung in das christliche Leben II, ausgewählt und eingeleitet von Gertrude und Thomas Sartory, Texte zum Nachdenken. Nr. 945.
Cassian überliefert in diesen Unterredungen den Menschen des Westens Weisen des meditierenden Gebetes, die für Gottsucher auch unserer Zeit immer noch maßgebend sein können.
–: Ruhe der Seele. Einweisung in das christliche Leben III, ausgewählt, übertragen und eingeleitet von Gertrude und Thomas Sartory, Texte zum Nachdenken. Nr. 1032.
Auf dem Weg zum Gipfel der Ruhe, wo der Mensch zur Kontemplation der göttlichen Wirklichkeit gelangt, erfährt der Gott Suchende Gott als überwältigende Liebe. Diese Erfahrungen eröffnen ihm die Tiefendimension der Heiligen Schriften und lassen ihn zu einem gänzlich unformalistischen Ethos gelangen.

Dionysius Areopagita: Ich schaute Gott im Schweigen. Mystische Texte der Gotteserfahrung, übersetzt und für die Meditation erschlossen von Volkmar Keil, Texte zum Nachdenken. Nr. 1221.
In der Tat bilden diese Schriften einen Höhepunkt christlich-mystischer Sicht und galten darum im Osten wie im Westen als verläßliche Zeugnisse himmlisch-irdischer Wahrheit: eine unerschöpfliche Quelle der Inspiration.

Franz von Assisi: Geliebte Armut. Texte vom und über den Poverello, ausgewählt und eingeleitet von Gertrude und Thomas Sartory, Texte zum Nachdenken. Nr. 630.
Armut, so wie sie der Poverello verstand, hat nichts zu tun mit finsterer Askese und zähneknirschendem Verzicht. Sie ist, wie die hier gesammelten Worte und Begebenheiten aus dem Leben des Franziskus zeigen, eine große Kraft, von der Freude und Hoffnung ausgeht.

Franz von Sales: Feuer und Tau. Führung der Seele, ausgewählt, übersetzt und eingeleitet von Ingeborg Klimmer, Texte zum Nachdenken. Nr. 1294.
Der Bischof von Genf wurde zu einem Klassiker christlicher Spiritualität, dessen Schriften heute noch den Weg zum „Gott des menschlichen Herzens" weisen: einen Weg, der gewiß nicht bequem zu gehen, der umgekehrt aber auch ganz und gar nicht kompliziert ist.

Hommel, Gisela: Frauen wie Debora. Gestalten aus der Geschichte des Glaubens. Nr. 1316.
Frauen aus der Geschichte des Glaubens werden hier vorgestellt, angefangen von Ester, der im Alten Testament ein eigenes Buch gewidmet ist, bis zu Coretta King, die am Kampf um Gleichberechtigung der schwarzen Bevölkerung in den USA entscheidenden Anteil hat.

King, Martin Luther: Ein Traum lebt weiter, ausgewählt und eingeleitet von Susanne Schaup, Texte zum Nachdenken. Nr. 1285.
Woraus schöpfte der schwarze Bürgerrechtler die Kraft, inmitten einer Welt voller Haß und Rassendünkel als „Extremist der Liebe", wie Gandhi, einen gewaltlosen Widerstand zu organisieren und einer neuen Brüderlichkeit das Wort zu reden? Seine Predigten, hier in Auswahl mitgeteilt, geben Zeugnis.

Lebenshilfe aus der Wüste. Die alten Mönchsväter als Therapeuten, ausgewählt und eingeleitet von Gertrude und Thomas Sartory, Texte zum Nachdenken. Nr. 763.
In diesem hinterlassenen Schatz sind hilfreiche Einsichten und Handlungsanweisungen auch für den Menschen von heute mit seinen vielgestaltigen seelischen Problemen, Nöten und scheinbaren Ausweglosigkeiten zu finden.

Llull, Ramon: Die Kunst, sich in Gott zu verlieben, ausgewählt, übertragen und erläutert von Erika Lorenz, Texte zum Nachdenken. Nr. 1198.
Ramon Llulls Werk ist durchströmt von Freude – an der Schöpfung, am Menschen, weil sich der erst nach stürmischer Jugend Bekehrte als „Troubadour" Gottes weiß, dem zu Ehren er als Laie in Christi Namen schreibt, lehrt und reist.

Lorenz, Erika: Ins Dunkel geschrieben. Johannes vom Kreuz – Briefe geistlicher Führung. Nr. 1505.
Die Persönlichkeit des Johannes vom Kreuz zeichnet sich hier ab: erfahren, liebevoll, ein feinfühliger Psychologe und sicherer Wegführer. Ein Buch für jeden, dem reale Gottesbegegnung etwas bedeutet.

Lorenz, Erika: Ein Pfad im Wegelosen. Teresa von Avila – Erfahrungsberichte und innere Biographie. Nr. 1307.
Der Leser blickt in Abgründe mystischer Erleuchtung und Gottesnähe, er erkennt das Ringen einer faszinierenden Frau um geistliche Reifung und das Verständnis der Mitwelt.

Luther, Martin: Amen. Das Weitere findet sich. Gelebtes Vaterunser, ausgewählt und eingeleitet von Hans-Martin Barth, Texte zum Nachdenken. Nr. 1597.
Luther hat sich zeitlebens darum bemüht, das Vaterunser zu erklären und zu erschließen; er legte es aus in Predigten und Katechismen, ver-

dichtete es zum Choral, zu dem er selbst die Melodie schuf. Es war ihm Grundlage täglicher Meditation und Quelle seines Vertrauens.

Mechthild von Magdeburg: „Ich tanze, wenn du mich führst". Ein Höhepunkt deutscher Mystik, ausgewählt, übersetzt und eingeleitet von Margot Schmidt, Texte zum Nachdenken. Nr. 1549.
Diese Auswahl aus dem „Fließenden Licht der Gottheit" macht mit einem einzigartigen Werk mittelalterlicher Frauenmystik bekannt.

Péguy, Charles: Im Schweigen des Lichtes, ausgewählt, übersetzt und eingeleitet von Oswalt von Nostiz, Texte zum Nachdenken. Nr. 986.
Gegen Elend und Not, gegen die „Sünde der Verzweiflung" setzt Péguy auf das kleine Mädchen Hoffnung, die ihre beiden großen Schwestern Glaube und Liebe mit sich fortzieht, wenn sie nicht gar vorausläuft.

Pohlmann, Constantin: Gott spricht im Schweigen. Wege zum inneren Gebet. Nr. 1691.
Der Autor zeigt, daß das „innere Gebet", das schlichte Gespräch mit Gott, das aus dem Herzen kommt, wie es die Spiritualität des Franz von Assisi oder der Teresa von Avila zeigen, auch heute noch helfen kann, Gottes Zuwendung zu spüren.

Ein Lied, das nur die Liebe lehrt. Texte der frühen Zisterzienser, ausgewählt, übersetzt und eingeleitet von Bernardin Schellenberger, Texte zum Nachdenken. Nr. 904.
Die vorliegende Sammlung bringt Texte von zehn Schriftstellern des „Goldenen Zeitalters" der Zisterzienser in einer erstmaligen Übertragung ins Deutsche.

Stein, Edith: Im verschlossenen Garten der Seele, ausgewählt und eingeleitet von Andrés E. Bejas, Texte zum Nachdenken. Nr. 1359.
Die von Andrés E. Bejas ausgesuchten Texte zeigen Edith Stein als Führerin auf den Pfaden des inneren Lebens – bis hinein in den „verschlossenen Garten der Seele".

Teresa von Avila: „Ich bin ein Weib – und obendrein kein gutes". Ein Porträt der Heiligen in ihren Texten, ausgewählt, übersetzt und eingeleitet von Erika Lorenz, Texte zum Nachdenken. Nr. 920.
Die Doktorin der Mystik bleibt Frau mitten im Alltag, die mit praktischem Verstand und feurigem Herzen eine der bedeutendsten Reformbewegungen der Kirchengeschichte in die Wege leitet.

... im Wort der Bibel

Bach, Ulrich: Kraft in leeren Händen. Die Bibel als Kursbuch. Nr. 1023.
Es ist leicht, mit Gott und der Welt im Frieden zu leben, wenn man

gesund, hoffnungsfroh und voller Zuversicht ist. Doch kann auch der behinderte oder der unglückliche oder der verzagte Mensch sagen: Gott liebt mich, so wie ich bin? Das wurde für den Autor eine entscheidende Frage.

Biser, Eugen: Er ist unser Friede. Worauf es ankommt. Nr. 1092.
Wo Gott sich offenbart, entsteht ein Raum der Geborgenheit, des Einvernehmens und der Gewaltlosigkeit. Im zweiten Teil dieses Buches sind Bibelstellen aus dem Alten und Neuen Testament zum Nachlesen und Nachdenken angeboten.

Bohren, Rudolf: Texte zum Aufatmen. Seligpreisungen der Bibel. Nr. 1693
Texte zum Aufatmen, das sind die Seligpreisungen des Alten und Neuen Testamentes. Die Bibel ist zuerst und zuletzt ein Buch vom Glück, und in ihrer Mitte – hängt einer am Kreuz. Der Autor zeigt, wie die Seligpreisungen der Bibel unser Leben – auch das Leiden – ins Glück des Kommenden heben.

Lebensweisheit aus der Bibel, herausgegeben von Werner Braselmann. Nr. 1191.
Menschliches ist der Bibel nicht fremd. Ergebung und Aufbegehren, Verzeihung und Rache, Freude und Verzweiflung, Liebe und Tod – zu vielen Situationen findet man im Alten und Neuen Testament Worte, aus denen eine große menschliche Erfahrung spricht.

Brem, Alois: Von deiner Güte ist die Erde erfüllt. Worte der Bibel – Worte fürs Leben. Nr. 1695.
Der Autor zeigt in diesem Taschenbuch dem Leser, wie Worte der Bibel, über die man oft „hinweggelesen" hat, im Gebet plötzlich „Leben bekommen" und zu Worten fürs Leben werden können, wenn man sich in ruhigen Augenblicken auf sie einläßt.

Graff, Michael: Mein Markus. Ein Evangelium im täglichen Gebrauch. Nr. 1566.
„Mein Markus" ist eine Neuentdeckung für Christen, die aus Hörgewohnheiten und Sonntagstrott aufbrechen wollen.

Guardini, Romano: Der Herr. Über Leben und Person Jesu Christi. Nr. 813.
Romano Guardinis Hauptschrift, die jetzt erstmals in einer Taschenbuchausgabe vorliegt, dient dem Verstehenlernen Jesu.

Illies, Joachim: Die Welt ist Gottes Schöpfung. Worauf es ankommt. Nr. 889.
Immer mehr Menschen beginnen diese Botschaft zu begreifen. Ein Zoologe vergleicht in diesem Taschenbuch die Erkenntnisse der heutigen Naturforschung mit den Schöpfungsaussagen der Bibel.

Jaschke, Helmut: Psychotherapie aus dem Neuen Testament. Heilende Begegnungen mit Jesus. Nr. 1347.
Das Neue Testament erzählt, wie Jesus Menschen von Angst und Leid befreit. Diese Gestalten stehen für uns, ihre Geschichte lädt dazu ein, an ihrer Stelle Jesus zu begegnen.

–: „Aus der Tiefe rufe ich, Herr, zu Dir". Psychotherapie aus den Psalmen. Nr. 1603.
Eindrucksvoll zeigt der Autor vor allem am Beispiel der Feindschilderungen, wie man auch heute noch im Psalmengebet einen Weg aus der Depression, einen Weg der Hoffnung finden kann.

Kemmer, Alfons: Das Glaubensbekenntnis in den Evangelien. Eine Einführung in die biblischen Ursprünge des Credo. Nr. 1166.
Das vorliegende Taschenbuch führt entsprechende Texte vor Augen und deutet sie aus dem Zusammenhang des Evangeliums. Was wir im Credo – abstrakt – bekennen, wird hier zur lebendigen Erfahrung.

Ein wahrer Mensch. Was sagt die Bibel über Jesus?, herausgegeben von Norbert Kutschki. Nr. 1376.
Bekannte Theologen gehen den menschlichen Zügen des Lebens Jesu nach. Ihre Beiträge fügen sich zu dem Bild eines brüderlich nahen Schicksals. Gott ist wirklich Mensch geworden – darin gründet unsere ganze Hoffnung.

Meves, Christa: Die Bibel antwortet uns in Bildern. Tiefenpsychologische Textdeutungen in Hinblick auf Lebensfragen heute. Nr. 461.
Aus der Erfahrung der Tiefenpsychologin öffnet Christa Meves neue Zugänge zu der Bildsprache der Bibel.

Riede, Johannes: Gott erbarmt sich unser. Worauf es ankommt. Nr. 1073.
Gott ist voll Mitleid und Erbarmen. Wir sind – trotz aller Widrigkeiten in Gott geborgen, weil wir Gott beim Wort, bei diesem Wort nehmen dürfen.

Spiecker, Kyrilla: Mit Gott im Wort. Beter der Bibel. Nr. 1555.
Mit Gott im Wort sein, erschöpft sich nicht im Sprechen frommer Texte. Ich selbst muß mich in die Beziehung mit Gott einbringen, mich von Gott in Dienst nehmen lassen. So können uns Gestalten der Bibel zu Lehrern des Betens werden.

Steiger, Lothar: Er geht mit uns. Wiederentdeckte biblische Wegweiser. Nr. 1700.
An Texten der Evangelien zeigt der Autor die Wege Jesu, die auch unsere Wege sein sollen: Aus Irrwegen und Umwegen werden Auswege und schließlich Heimwege. In diesen Texten können wir hilfreiche Lebensorientierung aus den Evangelien wiederfinden.

Wolff, Hans Walter: Iß dein Brot mit Freuden. Alttestamentliche Ermutigungen. Nr. 1698.
Schon das Alte Testament ist Frohbotschaft. Mit diesen Predigten ermutigt uns der Autor zur Muße und Entdeckerfreude, zur Friedenshoffnung und Brüderlichkeit, zum Gespräch mit dem lebendigen Gott. Auch die Menschen des Alten Testaments machten bereits unsere heutigen Erfahrungen von Freude und Leid, Hoffnungslosigkeit und Zuversicht.

Wolff, Kurt: Vergeben steht uns gut zu Gesicht. Zwischenrufe zum Vaterunser. Geschichten und Texte. Nr. 1595.
Die Sprache ist einfach, genau, nachdenkend, spannend. Sie bleibt dem Wort der Bibel auf der Spur. Sie nimmt das Wort beim Wort. Wer den Texten folgt, begreift den biblischen Auftrag, mit dem Vaterunser zu leben, vergebend zu leben, von der Vergebung zu leben.

–: Von der felsenfesten Treue Gottes. Bausteine und Edelsteine, Denksteine und Stolpersteine in der Bibel, aufgelesen und eingesammelt in Geschichten und Texten. Nr. 1674.
Geschichten der Bibel, in denen Steine mitreden, wurden für dieses Buch aufgelesen und eingesammelt. Die alte Sprache der Bibel ist die Fundgrube für diese „steinigen" Geschichten zum Lesen und Vorlesen.

... in der Meditation

Graf Dürckheim, Karlfried: Vom doppelten Ursprung des Menschen – als Verheißung, Erfahrung, Auftrag. Nr. 480.
Die Situation des Menschen in unserer Zeit – Seinfühlung – Seinserfahrung – Der innere Weg – Vom Therapeuten und Seelsorger zum Guru.

Enomiya-Lassalle, Hugo M.: Am Morgen einer besseren Welt. Der Mensch im Durchbruch zu einem neuen Bewußtsein. Nr. 1164.
In Wissenschaft und Kunst sowie in der Wiederentdeckung der Meditation ist die Überwindung des gefährlichen Dualismus schon mit Händen zu greifen. Vor allem aber: im Lebensgefühl der jungen Generation wird deutlich, wie das „integrale Bewußtsein" zu einer starken Friedensgesinnung führt.

–: Zen – Weg zur Erleuchtung. Einführung und Anleitung. Nr. 1368.
Im Zen kommt die Seele Gott bis an die Grenzen ihrer Möglichkeiten entgegen.

–: Kraft aus dem Schweigen. Einübung in die ZEN-Meditation. Nr. 1528.
Als beispielloser Wegbereiter versucht Pater Enomiya-Lassalle die östli-

che und die westlich-christliche Mystik zu integrieren. Der ZEN-Weg führt zur Erleuchtung, die für jeden ZEN-Meditierenden zu erreichen ist.

Goettmann, Alphonse und Rachel: Meditieren im Atem Gottes. Ein Übungsweg für Christen. Nr. 1618.
Vielen hundert Christen konnten die beiden Autoren in ihrem Meditationszentrum diese lebenswendende Erfahrung vermitteln. Ihre Übungen, die hier ganz konkret beschrieben sind, verbinden die Spiritualität des christlichen Ostens mit dem initiatischen Weg, den Graf Dürckheim lehrte.

Köhn, Ulrich: Spüren, daß Gott uns trägt. Mit Leib und Seele glauben. Ein Übungsbuch. Nr. 1599.
Viele Menschen haben verlernt, Gott mit allen Sinnen, „leibhaft" wahrzunehmen. Seit Jahren bietet der Autor, evangelischer Pfarrer und Gestalttherapeut, Übungen an zur Wiedergewinnung einer ganzheitlichen Glaubenserfahrung.

Renner, Rudolf: Gottes Kraft in unserer Schwachheit. Leben aus der Zuversicht. Meditationen, Nr. 1097.
In Sprachbildern und Beispielen erzählt dieses Buch, wie der angefochtene Mensch, der aufhorcht und ansprechbar wird, der heilenden Gegenwart Gottes im Dunkel seines Lebens inne wird.

Sudbrack, Josef: Was heißt christlich meditieren? Wege zu sich selbst und zu Gottes Du. Nr. 1717.
Anliegen dieses Buches ist es, die Fülle und Freude des christlichen Meditierens vorzustellen und damit jedermann einzuladen, den eigenen Weg zu finden und den Schatz im eigenen Acker zu entdecken.

Tilmann, Klemens: Weg in die Mitte. Glaubensmeditation: Erfahrungen, Vollzüge, Reifung. Nr. 906.
Das Buch leitet zu einer zentralen Übung christlicher Glaubensmeditation an, die Mitte christlichen Lebens werden kann und durch den Namen „Versenkung ins Pneuma" treffend bezeichnet wird.

Stachel, Günter, Gebet – Meditation – Schweigen. Schritte der Spiritualität. Nr. 1623.
Der Blick auf die Mystiker im Christentum zeigt, daß der Weg zur Meditation immer auch ein Weg in die Welt war, zu den Mitmenschen und zu den Dingen. In diesem Taschenbuch geht es um das richtige Verständnis von Gebet und Meditation im Glauben des Christen.

Verborgene Worte Jesu – Christusmeditationen aus der frühen Kirche, Auswahl und Einleitung von Alfons Rosenberg, Texte zum Nachdenken. Nr. 857.
Manche der verborgenen Worte Jesu mögen uns fremd erscheinen.

Aber viele von ihnen wirken wie blitzartige Erhellung der Worte Jesu in den Evangelien. Doch fruchtet es wenig, diese Verborgenheiten nur wissenschaftlich zu analysieren – diese Worte wollen meditiert werden, auf daß sie in den Seelengrund eingehen.

... im Glauben der Kirche

Fries, Heinrich: Kam Jesus nicht zu allen? Spuren des Christlichen. Nr. 1132.
Jesus kann jedem begegnen, der redlich nach dem Sinn seines Lebens, der nach Frieden und Liebe, nach Gerechtigkeit und Menschenwürde sucht, auch wenn er sich nicht ausdrücklich zu Jesus bekennt.

Frossard, André: Gott existiert. Ich bin ihm begegnet. Nr. 435.
Das Bemerkenswerte an Frossards Bekenntnis ist, daß er seine übernatürliche Schau mitten in den realen Strom der modernen Philosophie eingebettet hat wie eine Insel in einen Fluß.

Geburt in der Höhle. Das Weihnachtsfest in der Überlieferung der Ostkirche, herausgegeben und eingeleitet von Irenäus Totzke, Texte zum Nachdenken. Nr. 1662.
Das unfaßbare Geheimnis der Menschwerdung Gottes wird für den östlichen Christen symbolisch verdichtet und feierlich begangen als „Geburt in der Höhle". Das bedeutet: Licht kommt in die Finsternis, der Unfaßbare wird faßbar, der Unendliche neigt sich uns Menschen zu: Weihnachten ist immer!

Guardini, Romano: Glaubenserkenntnis. Versuche zur Unterscheidung und Vertiefung. Nr. 1008.
Man merkt es den einzelnen Kapiteln an, daß Romano Guardini in die Theologie des Neuen Testamentes sich tief hinein gelebt hat und daß er aus der Tiefe eines umfassenden Wissens schöpft.

–: Vom Geist der Liturgie. Nr. 1049.
Dieses klassische Buch Romano Guardinis stand am Beginn der liturgischen Bewegung. Es hat die Entwicklung, die u. a. zur Einführung der Muttersprache in der heiligen Messe durch das Konzil führte, mitbegründet und entscheidend beeinflußt.

Hemmerle, Klaus (Hrsg.), Sag mir, was du glaubst. Zwölf Bischöfe der Weltkirche über das Glaubensbekenntnis. Nr. 1118.
André Makarakiza, Erzbischof von Gitega/Burundi – Reinhard Pünder, Bischof von Coroatá/Argentinien – Paul Schruers, Bischof-Koadjutor von Hasselt/Belgien – Arquiminio Rodrigues da Costa, Bischof von Macau/Hongkong u. a.

Imbach, Josef, Mehr Freude! Christsein heißt Frohsein. Nr. 1561.
Jesus hat seine Freunde zu einer Heiterkeit des Herzens ermutigt, die im Vertrauen auf die Erlösung auch dunkle Erfahrungen hinter sich läßt. Wie können wir zu dieser befreienden Lebenseinstellung finden?

–: Wo uns Gott begegnen kann. Glaube aus Erfahrung. Nr. 1617.
Dieses Buch öffnet die Augen dafür, daß Gott uns zu jeder Stunde begegnen kann, in jeder Situation, selbst im Dunkel des Leidens. Christsein ist – Glaube aus Erfahrung.

Köhler, Oskar: Als Petrus anfing zu ertrinken. Glaubenswege am Ende des zweiten Jahrtausends. Nr. 1395.
Dieses Buch ist vorab ein Gesprächsangebot für Leser, die in den Kirchen die „Fernstehenden" genannt werden. Zu ihnen können freilich auch nicht wenige regelmäßige Kirchgänger zählen, die sich innerlich dem Christentum mehr und mehr entfremdet haben.

Mangoldt, Ursula von (Hrsg.): Lichtspuren des Glaubens. Auf dem Weg zu Christus. Nr. 1083.
Mit Beiträgen von Norbert Baumert, Karin Johne, Emmanuel Jungclaussen, Otto Knoch, Johannes B. Lotz, Ursula von Mangoldt, Beda Müller, Elisabeth Ott, Annemarie Schlüter, Heinrich Spaemann, Kyrilla Spiecker, Klaus Thomas.

Odin, Karl-Alfred: Die Antwort der Feste. Sinnzeichen durch das Jahr. Nr. 1654.
Was bedeuten Menschen heute die alten Feste? Die Verheißungen des Wortes Gottes und die Glaubenserfahrungen, die in den Festen als Höhepunkte des Jahres ausgedrückt sind, sind nicht Sache der Vergangenheit, sondern betreffen genauso uns Menschen in der Gegenwart.

Sartory, Gertrude: Türen zwischen Himmel und Erde. Sakramente als Schlüsselerfahrungen. Nr. 1349.
Erfahrung sucht, wer heute religiös leben will. Nur das Erfahrbare ist ihm zugänglich, nur das selbst Erfahrene authentisch. Die Sakramente öffnen einen Raum leibhaft-konkreter Erfahrung des Göttlichen für den, der sich in diesen Raum ganz einbringt.

Schäffer, Wilhelm: Christsein mit allen Sinnen. Einübung in die meditative Lebenskunst. Nr. 1667.
DerAutor, Rektor eines spirituellen Zentrums in Süddeutschland, hat verschiedene Meditationsformen zu einem einheitlichen Grundkurs verbunden. Der Leser wird zu einem christlichen meditativen Lebensstil angeleitet, der den ganzen Menschen mit Leib und Seele einbezieht.

Schelauske, Hans Dieter: Ich hab' da eine Frage. Glaubenshilfe für das Leben. Nr. 1554.
In zahlreichen Sendungen hat Hans Dieter Schelauske auf Fragen geantwortet. Die Hörerpost bestätigt ihm immer wieder, daß er zu sehr konkreten Fragen gesprochen hat, die heute viele Christen beider Konfessionen beschäftigen.

Sommerauer, Adolf: Versuch's mit Gott. Glaubenshilfe und Lebensrat für jede Woche. Nr. 1593.
Dieser Jahresbegleiter ist für „Wochentagschristen" geschrieben, für Menschen also, die auch im Alltag aus dem Glauben leben wollen.

Die hundert Namen Gottes. Tore zum letzten Geheimnis, herausgegeben von Rudolf Walter. Nr. 1229.
Die Autoren dieses Buches öffnen Türen für ein neues Reden von Gott. Und damit Türen zum letzten Geheimnis unseres eigenen Lebens.

... im Ringen des Geistes

Frère Roger, Prior von Taizé: Warten auf das Ereignis Gottes. Aktualisierung der Regel von Taizé. Nr. 365.
In der Einsamkeit und im Schweigen einer langen Retraite während des Winters 1952/1953 schrieb Frère Roger die Regel von Taizé. Er legte darin für seine Brüder „das Wesentliche, was das gemeinsame Leben erst ermöglicht", nieder.

–: Einer Liebe Staunen. Tagebuchaufzeichnungen. Nr. 819.
Zwischen die Tagebuchseiten schieben sich von Zeit zu Zeit ein Gebet oder einige Gedanken zu wesentlichen Fragen, die sich junge Menschen heute stellen: Kann man sich für ein ganzes Leben engagieren? Wer ist Christus? Wozu Kirche?

–: Blühen wird deine Wüste. Tagebuchaufzeichnungen. Nr. 1100.
Im Gespräch mit Jugendlichen aus vielen Nationen auf dem Hügel von Taizé wie im zeitweiligen Mitleben unter den Ärmsten auf der südlichen Erdhälfte begegnet Frère Roger den Wüsten der heutigen Welt.

–: Vertrauen wie Feuer. Tagebuchaufzeichnungen. Nr. 1194.
Frère Roger spricht oft zu Menschen auf der Suche nach Gott, die Woche für Woche aus Europa und den anderen Kontinenten nach Taizé kommen. In täglicher Berührung vor allem mit den jungen Generationen entstehen Gedanken, Entwürfe, Vorhaben ...

Frère Roger in seinem Tagebuch: Alles vom andern verstehen. Nr. 1317.
Ungezählte Gespräche mit Jugendlichen und Kirchenmännern, Skepti-

kern und Glaubenden, Kindern und Armen, Menschen aller Kontinente legen seit Jahrzehnten eine Folge von Grunderfahrungen frei.

– in seinem Tagebuch – 2: Jeden Augenblick neu. Nr. 1365.
Glaube, Gebet, Lebensengagement, Kirche, Gesellschaft – die fünf Kapitel dieser Auswahl vermitteln eine in Taizé gelebte Erfahrung: Die Treue im inneren Leben wie im äußeren Einsatz gründet auf einem stets geschenkten Neubeginn.

Greshake, Gisbert: Tod – und dann? Ende – Reinkarnation – Auferstehung. Der Streit der Hoffnungen. Nr. 1504.
Gisbert Greshake faßt die Argumente zusammen, wägt sie gegeneinander ab, bringt menschliche Erfahrungen und humanwissenschaftliche Erkenntnisse ein und hilft dem Leser so, eine Antwort zu finden, die er vor sich selbst begründen kann.

–: Die Wüste bestehen. Erlebnis und geistliche Erfahrung. Nr. 1692.
In diesem Taschenbuch nimmt der Autor die Leser gleichsam auf seine Reisen durch die Wüsten mit. Er wendet sich an Menschen aller Lebensalter, die stille werden und Stille erleben wollen, die sich auf den Weg machen, um die innere Weite des Lebens zu erfahren.

Grothues, Dirk: Kehren die Propheten wieder? Erfahrungen mit Gottes Geist in Geschichte und Gegenwart. Nr. 1568.
Dieses Buch zeigt, was prophetisches Sprechen für die Geschichte des Glaubens und für das Leben des einzelnen bedeutet hat und noch bedeutet. Doch woran erkennt man die *falschen* Propheten? Gerade in einer Zeit verwirrender spiritueller Strömungen braucht man auch den Geist der Unterscheidung.

Heinz-Mohr, Gerd: Vom Licht der letzten Stunde. Sterben lernen heißt leben lernen. Nr. 1327.
Der Gedanke an den Tod kann ein dunkler Schatten sein, den man gerne verdrängt. Er kann aber auch ein Licht sein, das das Leben heller, farbiger und reicher macht. Von dieser Erfahrung ist in dem vorliegenden Taschenbuch die Rede.

Mangoldt, Ursula von: Sollen wir auf einen anderen warten? Heilslehren und biblischer Glaube. Nr. 1367.
Neue Heilsversprechungen sind allen Generationen gemacht worden. In unserer Zeit heißen sie z. B.: fernöstliche Versenkung, Esoterik, New-Age-Bewegung, Jugendreligionen. Führen sie in eine erfülltere, menschlichere Zukunft?

Wer wird das Antlitz der Erde erneuern? Spuren des Geistes in unserer Zeit. Nr. 1000.
Bekannte Autoren, denen die Herderbücherei Gesicht und Gewicht verdankt, erinnern an eine Erfahrung, die jede Generation machen

kann: Unentwegt schafft Gottes Geist einen neuen Anfang. Wenn wir uns dessen bewußt werden – können wir dann noch resignieren?

... im Alltag des Lebens

Adelmann v. A., Josef Anselm: Gottes Sonne, 1 × täglich. 50 Starthilfen in den Tag. Nr. 603.
Wenigen ist das Aufstehen ein Vergnügen. Müdigkeit lähmt. Unerfreuliches steht bevor. Starthilfe ist willkommen. Nicht nur am Morgen, den ganzen Tag über braucht man wohl diese freundliche Hilfe, die in Gang setzt und vorhält, Impulse, die anstoßen und begleiten.

–: Wenn ich den Regenbogen sehe. Zeichen der Zuversicht. Nr. 1290.
Von Regenbogenerfahrungen im Grau des Alltags ist in diesem Buch die Rede, von Erfahrungen mit Kindern, mit alten Menschen, unkonventionellen Christen, von Tieren, die unsere Freundschaft suchen.

–: Im Vorzimmer des Tages. 50 × geistlicher Zuspruch am Morgen. Nr. 1682.
50 seiner besten Kurzansprachen als herzlich-fröhliche Kraftspender aus dem Glauben.

Balling, Adalbert Ludwig: Liebe macht keinen Lärm. Minuten-Meditationen. Nr. 1078.
„Da ich Ihnen leider nicht das Glück schenken kann", schrieb Teilhard de Chardin einmal, „möchte ich Ihnen zumindest helfen, es zu finden." Das möchten auch diese Minuten-Meditationen.

–: In Gottes Hand geschrieben. Minuten-Meditationen. Nr. 1319.
Diese Minuten-Meditationen sind geschrieben für Menschen, die keine Zeit finden zu langen Betrachtungen. Ihnen bietet diese Sammlung einen guten Gedanken für den Tag, ein tröstendes Wort für den Abend, wenn man abgekämpft und müde nach Hause kommt.

–: Atempause für die Seele. Minuten-Meditationen. Nr. 1519.
Die Minuten-Meditationen des vorliegenden Taschenbuchs sind aus einem besonderen Stoff: Es handelt sich um Texte aus der Dritten Welt. Sie sind so unmittelbar, so lebensnah, so hoffnungsvoll, wie Christen der jungen Kirche eben mit Gott sprechen.

–: Gott ist da, wo es hell ist. Minuten-Meditationen. Nr. 1547.
Wer keine Zeit hat für lange und tiefe Meditationen, braucht auf die Erleuchtung des Augenblicks nicht zu verzichten. Auch Minuten-Meditationen können das Herz hell machen für den ganzen Tag.

–: Heimat finden in der Stille. Minuten-Meditationen. Nr. 1619.
Geborgenheit – wer sucht sie nicht? In der Rastlosigkeit des modernen Lebens ist sie nicht zu finden. Darum laden diese Minuten-Meditationen dazu ein, für einen Augenblick innezuhalten und bei sich selber einzukehren.

–: Gott ans Herz gewachsen. Minuten-Meditationen. Nr. 1705.
Der Autor möchte mit diesen Minuten-Meditationen helfen, die Erfahrung von Gottes unentwegter Zuwendung wiederzufinden und selbst kleine Zeichen der Zuwendung zu setzen.

Worte zum Abschied. Ein Trostbuch, herausgegeben und eingeleitet von Otto Betz. Nr. 1330.
Leben heißt Abschied nehmen. Diese Erfahrung bleibt niemand erspart. Kein Glück ist von Dauer. Kein Tag kehrt zurück. Auf langen Streifzügen durch die deutsche Dichtung, durch Autobiographien und Briefbände hat Otto Betz „Worte des Abschieds" gesucht, die helfen, mit dieser schicksalhaften Vergänglichkeit fertig zu werden.

Brandenburger, Herma: „Ich bin bei euch – seid getrost". Ermutigung für dunkle Tage. Nr. 1660.
Die Autorin zeigt, daß Trost aus allem, was lebt, erfahren werden kann, sofern der Mensch Leid und Trauer nicht verdrängt, sondern auszuhalten versucht. So wächst ihm im Schmerz eine verborgene Kraft zu.

Deichgräber, Reinhard: Vom Geschenk des Alltags. Gott finden auf vertrauten Wegen. Nr. 1659.
Auf vertrauten Wegen kann Gott uns begegnen, an jedem Tag will er unsere Freude sein. Oft ist uns der Blick aber verstellt. Ab und zu den Blickwinkel ändern – von dieser Lebenskunst handelt dieses Taschenbuch.

Graff, Michael, Gott wohnt gleich um die Ecke. Impulse zum Nachdenken. Nr. 1331.
Daß der Lebendige mitten unter uns, gleich um die Ecke zu finden ist, wirkt überraschend. Die vorliegenden Kurzmeditationen suchen ungewohnte Zugänge, neue Worte, deuten alltägliche Beobachtungen.

Leist, Marielene: Leid und Trost. Dem anderen zur Seite stehen bei Krankheit, Behinderung und Tod. Nr. 809.
Überall dort, wo gelebt wird, wo ein anderer mir wichtig wird, vor allem in der Familie, entsteht zusätzliches Leid. Zugleich ist aber kein Ort der Welt, an dem so viel Trost geschieht wie eben dort.

Frère Léonard, Taizé: Wohin die Hoffnung führt. Neue Wege in eine neue Welt. Nr. 1261.
Frère Léonard brach mit zwei Brüdern aus Taizé zu einer mehrjährigen

Erkundungsfahrt durch nordamerikanische Großstädte auf. Zwischen New York und San Francisco begegneten sie Menschen aller Altersstufen, Rassen und Konfessionen im Ringen um Frieden und Versöhnung.

Mut zur Tugend. Von der Fähigkeit, menschlicher zu leben, herausgegeben von Karl Rahner und Bernhard Welte. Nr. 1308.
Wenn wir in einer menschlichen Welt wohnen wollen, dann brauchen wir vor allem: Mut zur Tugend. Freilich, hinterläßt nicht schon das Wort einen säuerlichen Geschmack auf der Zunge? Mit viel Phantasie räumen die Autoren dieses Buches das Mißverständnis aus, als sei Tugend etwas für bigotte oder lebensfremde Zeitgenossen.

... in Worten des Gebetes

Frauen beten ... mit eigener Zunge. Texte, gesammelt und herausgegeben von Ruth Ahl. Nr. 1714.
Die Herausgeberin legt hier eine Sammlung von Gebeten vor, die von Frauen für Frauen formuliert wurden. Sie sind aus dem Leben gesprochen, aus Vergangenheit und Gegenwart, Gebete zum Jahreskreis, zum Lebenslauf und in besonderen Entscheidungs- und auch Krisensituationen.

Bach, Ulrich: Hosianna bei Gegenwind. Versuche zu beten. Nr. 1292.
Die Texte dieses Buches laden dazu ein, mit Gott wie mit einem Freund zu reden, bei ihm zu lachen und zu weinen, ihm die ganze Geschichte unseres Lebens zu erzählen, auch unser Unverständnis und unseren Zorn. Es kommt nicht darauf an, diese Gebete nachzusprechen, sondern sich von ihnen in eine neue Richtung des eigenen Betens führen zu lassen.

Balling, Adalbert Ludwig: Unseren täglichen Reis gib uns heute. Gebete aus der Dritten Welt. Nr. 1119.
Wie beten Christen der Dritten Welt? Die vorliegende Sammlung gibt eine authentische Antwort auf diese Frage.

–: Lieber Gott, du bist prima. Kinderwünsche und -gebete. Nr. 1209.
Aus ganzen Stößen von Kinderbriefen und -wunschzetteln hat der Autor Texte ausgesucht, die den Lesern einen tiefen Einblick geben in den Glauben der Kinder. „Jedes Kind bringt die Botschaft, daß Gott die Lust am Menschen noch nicht verloren hat" (Rabindranath Tagore).

Bohren, Rudolf: Ich möchte Mauern durchschreiten. Gebete osteuropäischer Christen. Nr. 1224.
Christen in Osteuropa – Bürger zweiter Klasse, Verfolgte, Benachteiligte. Und doch stirbt der Glaube dort nicht aus. Im Gegenteil: Immer

mehr Menschen, auch junge Menschen, wenden sich ihm zu. Was bewegt sie, Christ zu sein? Davon reden ihre Gebete.

Gespräche meines Herzens. Gebete auf dem Lebensweg, herausgegeben von Werner Braselmann. Nr. 1332.
Viele Menschen möchten das Gespräch mit Gott nicht abreißen lassen, finden aber im Augenblick nicht die richtigen Worte. Für sie ist diese Sammlung zusammengestellt. Sie bietet für die verschiedensten Situationen Texte an, die man nachsprechen und sich zu eigen machen kann.

Du hältst meine Hand. Gebete der Bibel, herausgegeben von Werner Braselmann. Nr. 1375.
Der Autor hat Gebete gesammelt, die ihm im Alten und im Neuen Testament begegnet sind – Gebete, die uns mit der „Wolke der Zeugen" verbinden und die wir auch heute noch nachsprechen können.

„Meine Zeit steht in Deinen Händen". Gebete für die zweite Lebenshälfte, herausgegeben von Werner Braselmann. Nr. 1587.
Wenn die zweite Lebenshälfte begonnen hat, kommt man mit den Gebeten der Kindheit nicht mehr aus. Andere Sorgen beschäftigen einen, andere Erfahrungen drängen zum Gespräch mit Gott. Diese Sammlung hilft, dafür die richtigen Worte zu finden.

Gebete großer Christen, herausgegeben von Werner Braselmann. Nr. 1675.
Viele bekannte Christen – z.B. Augustinus, Franz von Assisi, Karl Barth oder Martin Luther und viele andere – sind erst im Gebet zu überzeugenden und überzeugten Christen geworden. Das spürt man, wenn man sich mit diesen Texten beschäftigt, sie bedenkt und nachspricht. Ein hilfreicher Begleiter auf dem Weg zum Glauben.

Kemmer, Alfons: Wir dürfen mit Gott sprechen. Worauf es ankommt. Nr. 1028.
Beten ist mehr als eine bloße Pflichtübung. Es ist ein Ausbruch aus der Einsamkeit des menschlichen Lebens und ein Gespräch mit dem liebenden Gott.

Wozu und wie beten? Die Antwort der Weltreligionen, herausgegeben von Adel Theodor Khoury und Peter Hünermann. Nr. 1644.
Die Beschäftigung mit dem Gebet in den Weltreligionen soll dem Leser die Bedeutung des Gebetes noch bewußter machen. Und die immer wieder zitierten Gebetstexte laden ihn dazu ein, die Erfahrung des Betens sich persönlich anzueignen.

Leist, Marielene: Erste Erfahrungen mit Gott. Die religiöse Erziehung des Klein- und Vorschulkindes. Nr. 409.
Die Erziehung im Vorschulalter ist maßgebend für die gesamte weitere

Entwicklung des Kindes. In dieser Phase vertrauensvoller Aufnahmebereitschaft sollte auch das religiöse Leben grundgelegt werden.

Nouwen, Henry J. M.: Gebete aus der Stille. Den Weg der Hoffnung gehen. Nr. 1688.
Diese Gebete sind die Frucht eines längeren Aufenthaltes des Autors in einem Trappistenkloster. Am Ende jeden Tages formulierte er ein einfaches Gebet, das er aufschrieb. Die ganze Wirklichkeit menschlichen Lebens wird „durchbetet".

Du, unser Vater. Gebete aus dem Judentum, ausgewählt und eingeleitet von Leo Prijs. Nr. 1567.
Die Vaterunser-Bitte, die Jesus uns gelehrt hat, ist tief verwurzelt im jüdischen Denken. Der Beter spricht zu Gott im Vertrauen auf seine unmittelbare helfende Nähe. Wer sich die Texte dieser Sammlung zu eigen macht, betet, wie die Juden zur Zeit Jesu gebetet haben und wie sie heute noch beten.

Du bist schön, meine Erde. Gebete für die Schöpfung, gesammelt und eingeleitet von Franz Rieger. Nr. 1326.
Diese Sammlung von Gebeten aus aller Welt läßt den Glanz des Ursprungs aufleuchten, verschweigt aber auch nicht unser heutiges Schwanken zwischen Verzweiflung und Hoffnung. Mitten aus dunkelsten Ängsten meldet sich sogar Zuversicht: Fehlgeratenes Menschenwerk läßt sich mit Gottes Hilfe korrigieren.